Nicht erst seit dem 11. September 2001 und dem Irakkrieg ist das Verhältnis zwischen der islamischen Welt und der des Westens alles andere als spannungsfrei. Auf beiden Seiten sind die Voraussetzungen für den notwendigen Dialog nicht die besten – die muslimischen Vertreter lösen sich nur ungern von ihren Verschwörungstheorien, die westlichen Repräsentanten verwechseln eine ehrliche Auseinandersetzung gerne mit falschen Harmonisierungsversuchen.

Kenntnisreich und mit großer politischer Klarheit informiert der Journalist und Publizist Wolfgang Günter Lerch in den Aspekten des »Islams in der Moderne« über eine Weltreligion, ihre Kultur und ihren religiösen Hintergrund. Er versucht Gemeinsamkeiten und Unterschiede zum Christentum aufzuzeigen und gleichzeitig dazu beizutragen, dass die Muslime nicht verharren in überkommenen Bildern und Mythen – und mehr noch: dass sie einen neuerlichen Aufschwung ihrer Kultur einleiten.

WOLFGANG GÜNTER LERCH, Jahrgang 1946, studierte Germanistik, Philosophie und Islamkunde. Er unternahm zahlreiche Reisen in den Orient und begleitete archäologische Explorationen, vor allem in die Türkei und nach Syrien. Seit 1978 ist er als Redakteur bei der »Frankfurter Allgemeinen Zeitung« für den Bereich Nordafrika und Naher Osten zuständig. Zahlreiche Buchveröffentlichungen zum Thema Islam, darunter »Tod in Bagdad oder Leben und Sterben des al-Halladsch« (Historischer Roman, 1997), »Muhammads Erben« (1999) und »Denker des Propheten. Die Philosophie des Islam« (2000). Im Allitera Verlag sind »Die Laute Osmans. Türkische Literatur im 20. Jahrhundert« (2003) sowie »Händler, Mullahs, Autokraten. Aus den Ländern des Islams« (2003) erschienen.

Wolfgang Günter Lerch
Der Islam in der Moderne
Aspekte einer Weltreligion

Weitere Informationen über den Verlag und sein Programm unter:
www.allitera.de

Bibliographische Information der Deutschen Bibliothek

Die Deutsche Bibliothek verzeichnet diese Publikation in der Deutschen Nationalbibliographie; detaillierte bibliographische Daten sind im Internet über <http://dnb.ddb.de> abrufbar.

Juli 2004
Allitera Verlag
Ein Books on Demand-Verlag der Buch&media GmbH, München
© 2004 Buch&media GmbH, München (Allitera Verlag)
Umschlaggestaltung: Kay Fretwurst, Spreeau
Herstellung: Books on Demand GmbH, Norderstedt
Printed in Germany · ISBN 3-86520-056-7

Inhalt

Vorwort 7

Der Islam – eine andere Religion 11
    Der Westen als »Ausreißer« 15
    Der Koran als Mitte des Glaubens 17
    Die drei großen Differenzen 21
    Eine politische Religion 24

Muhammad im Inneren seiner Seelenwelt 27

Dschihad – »heiliger Krieg« im Islam 46
    Krieg und Kampf im alten Arabien 48
    Das Zeitalter der Eroberungen 51
    Dschihad im islamischen Recht 52
    Die anderen Formen des Dschihad 57
    Wiedergeburt des Dschihad als Krieg 58

Die Stellung der Frau im Islam 64
    Die Stellung der Frau vor dem Islam 68
    Die Stellung der Frau im Koran 69
    Die Frau im islamischen Recht 72
    Einige Reizthemen 74

Rhythmen, Zyklen und Zersplitterung
in der islamischen Geschichte 80
    Das islamische Eschaton 83
    Von einer Einheit zur Vielfalt 86
    Die Kreisläufe des Ibn Khaldun 92
    Die eigene Historiographie 97

Islam und Krise: Die große Demütigung 101
    Ein Hort der Autokratie 102
    Unbefriedigende Ursachenforschung 106
    Tiefengründe der Konflikte 107

Ignaz Goldziher und seine Erben: Die Orientalistik......... 114
    Vor neuen Herausforderungen 124

Islam und Demokratie – eine Ermunterung 128

Vorwort

Auch bei den Muslimen ist es üblich, ein Werk mit einem Vorwort – der so genannten Muqaddima – einzuleiten. Nach dem Lobpreis des Schöpfers und des Propheten Muhammad geht man dann schnell, fast abrupt und mit knappen Floskeln zum eigentlichen Thema, dem Inhalt des Buches über. Auch ich will den Leser nicht lange auf die Folter zu spannen. Doch seien einige Worte zu den Absichten und Hintergründen gesagt, die den Autor bei der Abfassung dieses kleinen Werkes leiteten.

Das Verhältnis zwischen der islamischen Welt und der stark säkularisierten Christenheit ist heute – der 11. September 2001 und der Irakkrieg haben es gezeigt – alles andere als gut. Es wird freilich nicht besser werden, wenn der notwendige Kontakt und Dialog, für den sich viele immer wieder aussprechen, nicht von Ehrlichkeit und Gewissenhaftigkeit getragen sind. Seit geraumer Zeit leiden die durchaus häufig anberaumten Dialoge zwischen Repräsentanten beiden Welten entweder daran, dass die muslimische Seite von ihren Verschwörungstheorien nicht loskommt, oder daran, dass der »westliche« Partner sich gesinnungsethisch in falschen Harmonisierungen ergeht. Diese Harmonisierungen betreiben westliche Sprecher häufig umso eifriger, je mehr sie meinen, ein aus der Geschichte stammendes schlechtes Gewissen »abtragen« zu müssen. Dies ist eine Folge der oft einseitigen, bloß moralisierenden, im Letzten jedenfalls unhistorischen Geschichtsbetrachtung, die in unseren Tagen auf rein gesinnungsethischer Grundlage so sehr gedeiht. Man führt vom hohen moralischen Ross aus Prozesse gegen die Altvorderen, die sich nicht mehr wehren oder rechtfertigen können, und will durch »gute Gesinnung« sich selbst ein reines Gewissen verschaffen. Man selbst ist ja um so viel besser als die Vorfahren. Aber Selbstbezichtigungen, die etwas ganz anderes sind als wirkliche Selbstkritik, oder das Streben zum Guten allein führen ebenso wenig weiter wie eine unbefragte Apologetik.

Die folgenden Aspekte des »Islams in der Moderne« wollen einem wirklichen Dialog dienen. Der Verfasser ist sich freilich klar darüber, dass eine noch so ernsthafte historische Aufarbeitung, ja dass sogar eine rundum bessere Nahostpolitik die bestehenden Gegensätze und Unterschiede zwischen beiden Welten nicht auf wundersame Weise auflösen kann, sondern allenfalls einige Spannungen wegnehmen würde. Falls schon morgen die Palästinenser ihren Staat bekommen und die Amerikaner ihre Politik in der Region gänzlich umgekrempelt haben sollten, änderte dies gleichwohl nichts an der Tatsache, dass der Westen von seiner Religion, die ihn einstmals tief prägte, weitgehend abgerückt ist (Europa allerdings viel mehr als Amerika), dass er primär auf Wissenschaft und Wirtschaft statt auf Glauben setzt und Pluralismus wie Demokratie bis in den Kindergarten hinein pflegt. Dass sich das zugunsten ausgesprochen religiöser Gesellschafts- und Staatsmodelle ändern wird, ist praktisch ausgeschlossen. Zumindest in Europa führt der christliche Fundamentalismus, ja das Kirchen-Christentum überhaupt, wie jede Statistik über die religiöse Entwicklung belegt, Rückzugsgefechte. Umgekehrt ist auch wenig wahrscheinlich, dass der Islam in kurzer Zeit freiwillig und mit wachsendem Wohlgefallen all diese westlichen Veränderungen und Entwicklungen, die geistig die westliche Moderne konstituieren, übernimmt und plötzlich als sein Ureigenstes begreift. In den meisten muslimischen Ländern ist der Prozess der Säkularisierung gegenwärtig sogar rückläufig, haben sich die Schwierigkeiten mit der Moderne eher verstärkt. Falls diese Diagnosen richtig sein sollten, werden die Verhältnisse auf absehbare Zeit kompliziert bleiben.

Vielleicht werden sie in Zukunft sogar noch stärker belastet sein. Die Affäre um den Schriftsteller Rushdie ist kaum vergessen, da scheint sich in einem viel ernsteren Zusammenhang und auf ungleich tiefer greifender Ebene neuer Streit anzubahnen. Die westliche Koranforschung – um nur dieses Beispiel anzuführen – »droht«, glaubt man der Schule der Revisionisten, aber auch ihren entschiedenen Gegnern, mehr und mehr zu Ergebnissen zu gelangen, die den Muslimen – sofern sie orthodox und traditionalistisch geprägt sind – alles andere als recht sein können, da sie der seit alters her geglaubten Überlieferung teilweise diametral widersprechen. Koranforschung kann so auch politisch zu Dynamit werden. Und diese Untersuchungen stehen erst an ihrem Anfang.

Kann der »Dialog« aber darin bestehen, dass westliche Forscher nicht mehr forschen oder ihre Ergebnisse – sofern sie den Muslimen nicht passen – verschweigen? Schon gibt es Koranforscher, die unter Pseudonym publizieren, um sich Ärger (und möglicherweise Schlimmeres) zu ersparen. Ist etwa diese Art von »Harmonie« gemeint, wenn westliche Gesinnungsethiker dafür plädieren, die Unterschiede zu vernachlässigen, da sie nur zweitrangig seien und den Graben weiter vertieften? Dies wäre der Anfang vom Ende kritisch-rationalen Fragens. Religiöse Menschen in Europa haben lernen müssen, ihre Glaubensvoraussetzungen, einschließlich der Heiligen Schrift selbst, in einem anderen, eben stark gebrochenen Licht sehen und interpretieren zu müssen. Dies macht die Sache komplizierter als zuvor; sie steht aber den Muslimen noch bevor.

Zur Entzauberung, welche die Aufklärung nach Max Weber herbeiführt, gehört zuerst und vor allem die Befragung sämtlicher Urteile und Vorurteile, die man gegenüber dem jeweils anderen haben mag. Insofern hat dies auch für die westlichen Beobachter und Analytiker des Islams zu gelten. Falls bei ihnen Falschbilder, gar Feindbilder existieren, müssen sie korrigiert werden, wenn auch nicht um den Preis neuer, diesmal gut gemeinter Falschbilder, die um jeden Preis »Freundbilder« sein wollen.

Eine der wichtigsten Errungenschaften der offenen Gesellschaft im Sinne Karl Poppers ist es, damit zu leben, dass niemand hundertprozentig Recht hat, sondern dass die Wahrheit ein schwieriger kumulativer Prozess ist, zu dessen Bildung alle beitragen. Dazu gehört, dass man auch dann sein Selbstbewusstsein bewahrt, wenn einem Fehler nachgewiesen werden und man diese korrigiert; ja, gerade dann. Auch beruht Stärke, wie Bertrand Russell einmal schrieb, nicht auf dem Aberglauben, dass das Kollektiv möglichst monolithisch und unantastbar ist. Man kann an seine Werte auch dann glauben, wenn man gelegentlich an ihnen zweifeln mag. Und man kann den eigenen Glauben auch dann hochhalten, wenn man überkommene Mythen und überholte Bilder, die ihre Zeit gehabt haben, über Bord wirft und neue schafft. Es geht um den Kern, nicht die Schale. Dies gilt für den Einzelnen, noch mehr aber für das Kollektiv. Es ist eine irrige, allmählich philosophisch zu überwindende Vorstellung, dass man nur dann »stark« sei, wenn die eigene Kommunität sich fehlerlos wähnt, ihre Traditionen für unantastbar und vollkommen hält und alle, sei dies auch noch so fragwürdig, am selben Strang ziehen: »Right or wrong, my country (religion, culture).« Der ewige Rechthaber ist ebenso wenig erwachsen wie einer, der nicht bereit ist zur Selbstkorrektur und Eigenrelativierung, auch wenn sie wehtun. Von solchen Dialogen, die genau das auf allen Seiten leisten, sind wir Lichtjahre entfernt, wie man bisweilen überhaupt das Gefühl haben kann, die Aufklärung – von manchen angeblich schon postmodern überwunden – habe auf vielen Feldern noch gar nicht wirklich begonnen.

Vor allem gilt dies jedoch für viele außereuropäische Kulturen, die sich schwer tun mit den oben kurz charakterisierten Linien einer prinzipiellen Offenheit und Selbstkritik. In der westlichen Kultur ist diese Relativierung schon viel weiter gediehen, was von vielen – gerade auch im Islam – nicht ohne jede Berechtigung manchmal auch als Zerstörung bezeichnet wird; zumindest Islamisten und Traditionalisten empfinden den kritischen Geist aus dem Westen als Bedrohung mit dem Ziel der Zerstörung. Unter diesen Vorzeichen, die man ernst nehmen muss, sollen auch die nachfolgenden Anmerkungen zu einer Weltreligion gesehen werden, die dem Verfasser hauptsächlich als eine große Weltkultur entgegentritt, deren bleibende Ausformungen er bewundert. Sein Wunsch ist es, über diese Kultur und ihren religiösen Hintergrund zu informieren, Gemeinsamkeiten wie Unterschiede in knapper, übersichtlicher Form aufzuzeigen und vielleicht ein wenig dazu beizutragen, dass die Muslime das Stadium der Intransigenz verlassen und einen neuerlichen schöpferischen Aufschwung ihrer Kultur einleiten. So beginnen wir mit dem Koran (Sure 13, Vers 11): »Wahrlich, Gott ändert nicht das Geschick eines Volkes, solange es sich nicht selber ändert!«

Wolfgang Günter Lerch

Der Islam – eine andere Religion

»Wenn je eine Religion von ihren Widersachern verachtet und verlästert worden ist, dann ist es die mohammedanische gewesen.«
Dieser Satz stammt nicht von Annemarie Schimmel, der führenden deutschen Islamkundlerin des vorigen Jahrhunderts, sondern von dem niederländischen Orientalisten Adrian Reland aus seinem Werk »De religione Mohammedica«, das 1705 in Utrecht erschien. Die liberalen Niederlande waren damals eine Hochburg orientalischer Studien in Europa, wovon die bis heute berühmte Leidener Schule der Orientalistik zeugt. Dass wir freilich glauben könnten, Annemarie Schimmel habe diesen Satz gesagt oder geschrieben, macht deutlich, wie wenig sich seither geändert hat.

In Europa hat sich in den vergangenen Jahrzehnten eine Gesellschaft herausgebildet, die pluralistischer und toleranter ist als jede andere zuvor. Sie weist aber immer noch Defizite auf manchen wichtigen Gebieten auf. Dazu gehört das scheinbar irreparabel gestörte Verhältnis zum Islam, der für die meisten Europäer, wie der Religionswissenschaftler und Jurist Udo Schäfer es einmal formuliert hat, noch immer die »missverstandene Religion« ist. Die jüngsten schweren Krisen zwischen der westlichen Welt und nahöstlichen Terroristen, die sich auf den Islam berufen und in seinem Interesse zu handeln glauben, haben die Missverständnisse, aber auch durchaus vorhandene Unterschiede und Gegensätze zwischen den beiden Welten, damit auch Religionen, aufs Neue verstärkt. Sie müssen ernst genommen werden.

Zwischen der europäischen und der orientalischen Welt stehen, gleichsam wie ein erratischer Block des Missverstehens, Jahrhunderte einer ungebrochenen Rivalität, der wechselseitigen Verleumdung und Feindseligkeit, des politischen, kulturellen und auch ökonomischen Ungleichgewichts, vor allem aber des Nicht-Wissens und der immer wieder aufgelegten, niemals hinterfragten Kolportage. Dies gilt, cum grano salis, für beide Seiten, die christliche wie die islamische, wobei mir scheinen will, dass der Islam in früheren Epochen der Geschichte auf dem Felde der Toleranz etwas weniger Defizite aufzuweisen hat als die christliche Welt.

Erst seit der Aufklärung, einer im Großen und Ganzen exklusiv europäischen Erscheinung der Geistesgeschichte, hat der Westen eine breitere Palette der Duldsamkeit entfaltet und darin andere

Kulturen und Religionen weit überholt, was wohl auch – und warum soll man das verschweigen – mit einem gewissen Machtverlust der eigenen Religion, des Christentums, über die Seelen und politischen Institutionen zu tun hatte. Der Ruf nach Toleranz ist in allen Religionen in der Defensive, wenn sie bedroht sind, wohl größer als in der Offensive. Hinzu kommt heute ein relativ starkes Desinteresse an der etablierten, durch die Kirche vermittelten christlichen Religion, eine Gleichgültigkeit oder wenigstens Beliebigkeit gegenüber allem Religiösen, die hier und da mit Toleranz verwechselt wird.

Auch der Islam hat Christen und Christentum natürlich niemals als wirklich gleichberechtigt anerkannt. Dies zeigt auch der zunächst nur allmähliche, bisweilen jedoch rapide Zerfall der christlichen Gemeinden in den vom Islam beherrschten Gebieten, der in den letzten Jahren von der in Ägypten lebenden jüdischen Orientalistin Bat Ye'or so anschaulich beschrieben worden ist. Doch während der Koran das Christentum und das Judentum immerhin als Vorläufer-Monotheismen und als Buch-Religionen schätzt und ihnen, den Bekennern einer »Schriftreligion« (ahl al-kitab), als den »Leuten des Vertrages« (ahl al-dhimma) sogar seinen – mehr oder weniger wirksamen – Schutz angedeihen ließ, galt umgekehrt der Islam den Christen viele Jahrhunderte lang als grässliche Ketzerei.

Das begann mit Johannes Damaszenus im 7. nachchristlichen Jahrhundert. Und noch Luther sprach, wie bekannt, vom »Erzfeind christlichen Namens«, wenn er den Islam angesichts des militärischen Vordringens der Osmanen nach Europa hinein attackierte. Man muss dies, den Gang der Geschichte berücksichtigend, aus orthodox-christlicher Warte verstehen, behauptet der Koran doch nicht mehr und nicht weniger, als dass Muhammad der letzte Prophet sei, das »Siegel der Propheten«, der die von Juden und Christen »entstellte« monotheistische Botschaft ein für alle Mal wiederhergestellt und vollendet habe. Mit dem Islam war dem Christentum des frühen Mittelalters schlichtweg ein mächtiger Konkurrent erwachsen, der zudem in den ersten Jahrhunderten dieser Rivalität wissenschaftlich und zivilisatorisch an der christlichen Welt weit vorbeizog und ihr Lehrmeister wurde. Dies musste, zunächst, die Christen aufgrund ihres Selbstverständnisses aufs Tiefste verstören.

Das negative Bild des Islams ist uns somit aus dem Mittelalter überkommen. Der Abt Petrus Venerabilis aus Cluny war es, der im 12. Jahrhundert immerhin die erste Koranübersetzung durch

Robert von Ketton (latinisiert: Robertus Kettenensis) vornehmen ließ, nicht in erster Linie, um den Koran wirklich zu studieren und zu verstehen, sondern um zu zeigen, welch grässliche Häresien er barg. Als fast arianische Ketzerei hatte schon Johannes Damaszenus den Islam gekennzeichnet. Diese Einordnung und Kategorisierung wirkte fort. Der heilige Thomas von Aquin – und dies war immerhin ein Fortschritt – vertrat als Rationalist und Aristoteliker, der auch arabische Philosophen studierte, die Meinung, man müsse sich mit den Heiden, womit vor allem die Muslime gemeint waren, im rationalen Disput auseinander setzen, das heißt ihre Auffassungen vom Glauben erforschen und durch Argumente widerlegen. Er selbst verfasste Traktate gegen die Heiden, contra gentiles, etwa die berühmte »Summe wider die Heiden« oder das Buch »De unitate intellectus, contra Averroistas« – »Über die Einheit des Intellekts, gegen die Averroisten«. Damit waren die philosophischen Anhänger des »maurischen« Philosophen Ibn Ruschd (Averroes) aus Cordoba gemeint, der 1198 n. Chr. gestorben war und vor allem durch seine Aristoteles-Kommentare nach Europa hineingewirkt hatte. Der katalanische Mystiker und Denker Raimundus Lullus (Ramon Llull) entwarf sogar eine eigene »Sprache«, mit deren Hilfe er glaubte, die Muslime im Disput durch Logik bekehren zu können. Unter den mittelalterlichen Menschen des christlichen Abendlandes gab es nur wenige, die den Islam nicht anschwärzten, verdammten oder sich gar von ihm angezogen fühlten. Der Bekannteste von ihnen war Kaiser Friedrich II., dem man auch den Beinamen »Sultan von Lucera« gab, weil er in dieser unteritalienischen Stadt »Mauren« oder »Sarazenen«, Muslime aus Sizilien, ansiedelte und ihnen Moscheen baute. Eine Ausnahme in einem Meer der christlichen Abwehr war auch der Kardinal und Philosoph Nikolaus von Kues, der ein umfangreiches wissenschaftliches Werk über den Koran verfasste, die Cribratio Alkorani oder »Sichtung« des Korans, in dem er – wie schon der Titel sagt – vor allem sichten, nicht verleumden wollte. Freilich finden sich auch in diesem Werk noch zahlreiche Polemiken gegen den Islam, die ihre mittelalterliche Herkunft nicht verleugnen können. Doch kam der Cusaner mit vielen seiner epochalen Gedanken einer Religionsauffassung nahe, die einen Bogen zur Moderne schlägt. Mit ihr stand dieser Denker weitgehend einsam da, erst recht in einer Zeit, da die Muslime das christliche Byzanz erobert und große Teile der Umgebung dem islamischen Herrschaftsgebiet einverleibt hatten.

Es war dann das Zeitalter der europäischen Aufklärung, in dem Autoren wie Lessing und Wissenschaftler wie Johann Jakob Reiske (1716–1774) erstmals begannen, den Islam nicht durch die christliche Brille zu betrachten, ihn als Religion wie Kultur gleichberechtigt anzusehen und zu beurteilen, ohne spezifisch christliche oder westliche Maßstäbe des Verständnisses anzulegen. Damals entstand auch die wissenschaftliche Orientalistik, die Orientkunde, die versuchte, den Islam um seiner selbst willen zu erforschen, nicht nur um des Verständnisses der Bibel willen. Im Orient selbst zeigte sich zu jener Zeit schon eine immer sichtbarer zutage tretende kulturelle und politische Schwäche des Islams; sie wurde der Beginn von Imperialismus und Kolonialismus.

Diese Schwäche führte später zu einer anderen Art der Fehleinschätzung und politischen Missachtung, die nach dem Beginn der europäischen Säkularisierung weniger mit der alten Rivalität zwischen den Religionen Christentum und Islam, als vielmehr mit dem wachsenden Machtzuwachs der europäischen Mächte zu tun hatte. Russland, Großbritannien, Frankreich, die Niederlande – und zu einem kleinen Teil und für kurze Frist auch Deutschland – eroberten oder dominierten den größten Teil der Welt, wozu eben auch der größere Teil der islamischen Hemisphäre gehörte, ein Gebiet, das von Marokko im Westen über den Balkan, Mittelasien und Indien bis in das niederländische Indonesien im Osten reichte. Die politische wie ökonomische Schwäche des Islams war so offensichtlich, dass Lord Cromer, der britische Reichsverweser in Ägypten, um die Wende vom 19. zum 20. Jahrhundert sagen konnte, der Islam stehe vor dem Erlöschen. Diese Überzeugung wurde von vielen Europäern geteilt.

Als wenige Jahre später als Folge des Ersten Weltkrieges auch noch das einstmals so mächtige Osmanische Reich zusammenbrach, schien sich diese Prophezeiung endgültig zu bestätigen. Die führenden Schichten in den islamischen Ländern begannen zudem, mit einer gewissen Begeisterung der Verwestlichung das Wort zu reden. Westliche Bildung und Ausbildung, westlicher Lebensstil, westliche Vergnügungen wurden sozusagen das A und O dieser Schichten. Ein kleinerer Teil von ihnen, am besten vielleicht repräsentiert durch das politische Wirken Kemal Atatürks (1881–1938), wandte sich sogar ganz von den islamischen Traditionen ab, während der größere Teil zu zeigen versuchte, dass der Islam durchaus imstande sei, ähnliche Leistungen und Standards zu erbringen wie der Westen. Der Westen hielt umgekehrt daran fest, dass das offenkundige Zurückbleiben des Islams in der modernen Welt ein schlagender Beweis für dessen Minderwertigkeit sei oder zumindest ein Beweis dafür, dass er sich überholt habe, dass seine geistige Lebenskraft und sein Wille zu Innovationen erschöpft seien.

Dies dürfte mit ein Grund dafür sein, dass Erscheinungen wie das neuerliche, scheinbar urplötzliche Erstarken Saudi-Arabiens in den sechziger Jahren des vorigen Jahrhunderts, dann die Islamische Revolution in Iran Ende der siebziger Jahre und andere islamische »Widerständigkeiten« im Westen zunächst für einen Schock sorgten und die alten Stereotypen, die man schon beiseite gelegt hatte, wiederbelebten. Mit dem Islam hatte man sozusagen nicht mehr gerechnet, schon gar nicht in der Weltpolitik. Hinzu kam, dass für die moderne, von Ökonomen, positivistischen Soziologen, Politikwissenschaftlern und Philosophen beherrschte Fortschrittswelt die Religionen ohnehin nicht mehr zu zählen schienen, allenfalls als die auf dem Abstellgleis stehende »Zukunft einer Illusion«, um diesen berühmten Titel Sigmund Freuds zu zitieren. Die rationalistische Religionskritik im Gefolge Ludwig Feuerbachs erblickte in den Religionen ohnehin nichts anderes mehr als eine ins Gigantische erhobene Projektion des Menschenwesens in eine erfundene Transzendenz. Sie bildet den Ausgangspunkt für all jene Theorien, die das Wesen der Religion als Entfremdung des menschlichen Wesens von sich selbst deuten. Mit seinem Satz »Gott ist tot« hatte Nietzsche eine Art Diagnose gestellt, der viele gerade heute umso beflissener zustimmen würden, als die Zahl der Kirchenaustritte unaufhaltsam steigt und die Verweltlichung der westlichen Gesellschaften weiter voranschreitet.

Der Westen als »Ausreißer«

Dies ist ein Standpunkt, der außerhalb Europas freilich nur wenige Anhänger findet. In Afrika und Asien ist es deshalb der weithin als »glaubenslos« empfundene Westen, der als der eigentliche Außenseiter und Ausreißer unter den großen Weltkulturen angesehen wird, das heißt als eine zunehmend »nihilistische« Kultur, die sich von den übrigen großen Bekenntnissen und deren Jahrhunderte alter Weisheit verabschiedet hat, zugunsten einer geistigen und religiösen Wesenlosigkeit, als die man den westlichen Pluralismus und

Skeptizismus in der Dritten Welt oft empfindet. So sah dies zum Beispiel auch der französische Philosoph René Guénon (1887–1951), der nach seinem spektakulären Übertritt zum Islam die westliche Kultur aus diesem Blickwinkel heraus kritisierte, Europa verließ und in Kairo starb. In seinem Hauptwerk »Die Krisis der Neuzeit« hat er 1927 erstmals seine diametral anti-westliche Weltsicht beschrieben, vor allem dadurch, dass er die westliche Entwicklung kritisch aufs Korn nahm.

Im offenkundigen Gegensatz zur westlichen Auffassung will heute sogar der nur laue Muslim, keineswegs allein der Fundamentalist, dass im offenbar unausweichlich scheinenden Prozess der Globalisierung insgesamt doch die I s l a m i t ä t seiner Kultur gewahrt bleibe, jedenfalls nicht in den Sog der »christlichen«, in vielen Fällen doch eher agnostisch-atheistischen Entwicklung gerate. Vor allem die so genannten Fundamentalisten, die Islamisten im Islam, nehmen die westliche Welt trotz ihres voranschreitenden Säkularismus noch immer als im Kern christlich wahr und interpretierten zum Beispiel auch den Kalten Krieg, als es ihn noch gab, immer als einen Streit zweier feindlicher Brüder innerhalb des Christentums. Der von den Kommunisten verordnete Atheismus unterscheide sich nur graduell, nicht prinzipiell, von der in der freien Welt üblich gewordenen, »freiwilligen« Glaubenslosigkeit eines säkularisierten Christentums. Demgegenüber müsse der Islam seine Stärke bewahren, um nicht in den Strudel westlicher »Dekadenz« gerissen zu werden.

Aus unserer Sicht mag auch dies eine einseitige, über Gebühr ungerechte Beschreibung eines komplexen europäischen Sachverhalts sein. Es macht jedoch deutlich, wie falsch Aussagen sein können, die sich nicht auf klare und deutliche Erkenntnis, sondern nur auf ein Ungefähres und auf ein Hörensagen stützen mögen. Sie gelten natürlich auch vice versa, denn nicht jedes Urteil über den Islam, den Orient, den Osten allgemein, fußt auf ausreichender Kenntnis. Wenn wir den Islam verstehen wollen, müssen wir besondere Wege gehen.

Als seinerzeit die ersten Modernisierungsschübe in die Welt des Islams eindrangen, als man dort, wie im Westen, Straßen und Hochhäuser zu bauen begann, als schließlich das Ölgeld reichlich floss, glaubten viele, dies werde auch das geistige Antlitz des Orients entsprechend verändern. Von einem »neuen Nahen Osten«, in dem der Islam kaum noch eine Rolle spielen werde, schrieb in jenen

Tagen ein Autor wie Hans Henle. Die Entwicklung im Westen wurde unbesehen auf den Osten übertragen. Der Marxismus und der Neo-Marxismus dachten ähnlich. Für sie war die Religion ohnehin nur ein Überbau-Phänomen, das mit der radikalen Umgestaltung des ökonomischen Unterbaus, der Basis, sich wandeln, schließlich absterben und verschwinden werde.

Doch das Gegenteil trat ein, alle positivistischen Auguren täuschten sich. In Iran führte die Modernisierung zur islamischen Revolution von 1978/79. Selbst in der Türkei wurde der Islam stärker, je mehr sich das Land modernisierte. Ja, mit Turgut Özal, dem 1993 verstorbenen Staatspräsidenten, war sogar ein ausgesprochen typischer Protagonist des bewusst praktizierten Volksislams die Triebfeder der Modernisierung geworden. Der heutige Islamismus, doch auch der Traditionalismus sind komplexe, facettenreiche Erscheinungen, deren Charakterisierung mit dem Begriff »reaktionär« allein, wie ihn zum Beispiel stereotyp das türkische Militär verwendet, nicht erschöpfend abgedeckt sind.

Wir kommen in dieser Sache nur weiter, wenn wir, wie der Philosoph Dilthey vorschlug, »das Leben aus dem Leben selbst« zu verstehen suchen, das heißt hermeneutisch: den Islam eben aus dem Islam selbst.

Der Koran als Mitte des Glaubens

Man kann außerhalb des Islams überhaupt nicht erfassen, welche Bedeutung dem Koran, dem heiligen Offenbarungsbuch der Muslime, zukommt. Der Islam ist die Buchreligion an sich. Und von diesem Gesichtspunkt aus betrachtet er die übrige religiöse Welt, ja die Welt an sich. Er unterscheidet zwischen Buchreligionen und anderen, wobei er eine Hierarchie aufstellt. Am nächsten stehen ihm nach seiner Auffassung die Christen mit ihrer Bibel, sowie die Juden mit der Thora. Christentum und Judentum sind denn auch die beiden Hochreligionen, die der Islam zwar nicht für gleichwertig erklärt, aber doch für wertvoll, da sie teilhaben an der Offenbarung des Monotheismus. Daher schützt er sie auch. Für die Muslime ist jedoch ihr heiliges Bucht, der Koran (Lesung), Mitte und Zentrum ihres Glaubens. Lebt das Christentum von der Inkarnation, der Fleischwerdung Gottes im Gottessohn, so der Islam von der Inlibration, der Buchwerdung Gottes, wie manche Islamkundler sagen.

Freilich würden die Muslime eine solche Analogie ablehnen, denn Gott wird natürlich nicht in der gleichen Weise »Buch«, wie er in Christus nach christlicher Auffassung Mensch geworden ist. Muslime würden dies immer als »Beigesellung« anderer Wesen zu Gott, als Verletzung des strengen Monotheismus (tauhid) verurteilen. Er zeigt sich aber wenigstens im Wort und hat durch sein Wort auch die Welt geschaffen. Dies jedenfalls ist die sprachliche Metapher für den Schöpfungsvorgang. Der Prophet Muhammad bleibt in den Augen der Muslime freilich immer ein Mensch und nur ein Mensch, er ist allein der Überbringer (rasul) der göttlichen Botschaft, die Gott selbst nach orthodoxer Auffassung »in klarer arabischer Sprache« im Koran an die Menschen richtet, nichts weiter. So ist nicht eine Person, wie im Christentum, sondern ein B u c h, eben der Koran, Zentrum des islamischen Glaubens. Und es erklärt sich daraus wohl auch, dass die Muslime dem Buch überhaupt bereits eine hohe Wertschätzung entgegenbrachten, als man im christlichen Mittelalter gerade erst begonnen hatte, klösterliche Bibliotheken aufzubauen.

Wenn wir den religiösen Gehalt der mehr als 6000 Suren des Korans zu erfassen versuchen, ergibt sich das Bild einer Religion, die in großen Umrissen dasselbe lehrt wie die jüdische und die christliche Bibel. Im Koran erscheint die Welt als von Gott aus dem Nichts geschaffen. Gott ist einer und einzig, nicht vielgestaltig, wie die Polytheisten lehren. Gott lenkt das Weltall und die Geschicke des Menschen, am Jüngsten Tag (yaum al-din) naht das Weltgericht, an dem jede Seele vor dem Antlitz Gottes steht und Rechenschaft (hisab) ablegen muss. Auf den Sünder warten die Höllenstrafen, auf den Reinen die Freuden des Paradieses, die der Koran in ganz ungewöhnlich sinnlichen, ja teilweise erotischen Bildern schildert. Im Leben soll der Mensch als der »Knecht Gottes« ('abd Allah) dessen Gebote erfüllen. Dabei unterscheidet sich der ethische Kanon kaum oder gar nicht von den Werten, die in der Bibel gefordert werden. Vor allem soll der Mensch gerecht sein. Die Gerechtigkeit ('adl) scheint mir der alles überragende Wert zu sein, auf den der Islam abstellt. Durch Wohltätigkeit sollen soziale Unterschiede ausgeglichen werden. Die freiwillige Hingabe an Gott – dies ist die wohl treffendste Übersetzung des Wortes »islam« – soll dem Menschen inneren und äußeren Frieden bringen. So ist auch des Wort »islam« mit »salam«, Frieden, verwandt. Auch das Liebesgebot, das die Christen oft für sich monopolisieren, erscheint im Koran, wenn auch nicht in der Formulierung der Bibel. Die Gläubigen sollen brüderlich zueinander sein und den Schwachen helfen, insbesondere den Waisen, war doch auch der Prophet Muhammad selbst zunächst ein Halbwaise, dann Vollwaise (yatim). Überhaupt ist der Koran ein Buch, das die Menschen zuvörderst ermahnt, dem Materialismus zu widerstehen, ohne freilich die materiellen Güter der Welt pauschal zu verleumden. Ein Asket ist der Prophet des Islams niemals gewesen, schon gar nicht in Bezug auf die Frauen.

Schon früh ist bekannt geworden, dass die Suren des Korans ganz unterschiedliche Stimmungen und Hintergründe aufweisen. Die Tradition unterscheidet mekkanische und medinensische Offenbarungen, das heißt Koran-Texte, die vom eschatologischen Feuer des Prophetentums erfüllt sind, und solche, die mehr praktische Dinge zum Inhalt haben. Sie wirken auf den nicht-muslimischen Ausleger weniger »inspiriert«, zuweilen recht trocken und spröde. Nach seiner Flucht von Mekka nach Medina musste Muhammad dort eine Gemeinde aufbauen. Zwei große arabische Clans, die Aus und die Chasradsch, zusammen mit drei jüdischen Stämmen sowie den so genannten Muhadschirun, das heißt jenen »Ausgewanderten«, die an der Seite des Propheten Mekka verlassen hatten. Diesem Gemeinwesen und seiner Etablierung unter dem Zeichen der neuen Religion gelten die meisten der zu Medina geoffenbarten Suren des heiligen Buches.

Lässt man diese ersten Befunde Revue passieren, so wird klar, weshalb die Religionswissenschaft Judentum, Christentum und Islam häufig als eine »Kette abrahamitischer Religionen« bezeichnet und für innerlich v e r w a n d t erklärt. Diese innere Verwandtschaft ist eine Verwandtschaft der jeweiligen heiligen Bücher, die eine gemeinsame, in Nuancen verschiedene Prophetengeschichte, beginnend mit Abraham, als besondere Geschichte Gottes erzählen und im Großen und Ganzen dasselbe religiös-moralische »System der Sittlichkeit« enthalten. Dabei erhebt der Islam freilich den Anspruch, seine beiden Vorgängerreligionen zu korrigieren und durch seine Lehren den alten, ursprünglichen Monotheismus der Menschheit wieder unverfälscht herzustellen. Dass dieser Anspruch Juden wie Christen zunächst erbittern musste, kann auch noch heute, in weniger eifernden Zeiten, bis zu einem gewissen Grade nachempfunden werden.

Ich möchte an dieser Stelle auf einige Unterschiede eingehen, die den Islam und seinen Propheten vom Christentum und seinem Stifter trennen, sich historisch als weitgehend unübersteigbare Barriere auftürmten und wohl erst in unserer weltlicher gewordenen Zeit an

Bedeutung verlieren. Für streng religiöse Menschen beider Religionen bleiben diese Dinge freilich so wichtig wie eh und je.

Die Geschichte Muhammads, des islamischen Propheten, war zuallererst eine Erfolgsgeschichte. Dies ist bis heute jedem Muslim bewusst. Muhammad war der einzige der großen Propheten, der noch zu Lebzeiten den beinahe vollständigen S i e g seiner Botschaft erleben konnte. Während Jesus, nach weltlichen Kategorien betrachtet, politisch scheiterte und erst als gekreuzigter Christus sich und seine erlösende Botschaft vollendete, während Moses starb, ohne das Gelobte Land jemals betreten zu haben, während der Buddha ins Nirvana einging, ohne eine umfassende Gemeinde begründet zu haben, war der Prophet als Feldherr, Politiker und Religionsstifter erfolgreich. Er war siegreich über seine Widersacher. Als Muhammad im Jahre 632 n. Chr. in Mekka in den Armen seiner Lieblingsfrau Aischa starb, herrschte der Islam schon auf der gesamten Arabischen Halbinsel, hatte zwischenzeitlich eine Gemeinde in Äthiopien gegründet und schickte sich an, in Nachbarregionen der vorderasiatischen Welt vorzudringen. Der Prophet korrespondierte mit dem König der Perser, mit dem Kaiser in Byzanz und mit dessen Statthalter in Ägypten. Er forderte sie auf, den Islam anzunehmen. So bleibt festzustellen: Der Islam empfindet sich als religio triumphans, als erfolgreiche, siegreiche Religion. Dies verleiht seinen Anhängern Selbstbewusstsein, sogar in Zeiten, da ökonomische, kulturelle und politische Schwäche die Hemisphäre der Gläubigen erfasst hat. Da wird die einstige Stärke noch bewusster hervorgehoben. Der Weg von dieser exklusiven Selbst-Anschauung als Siegerreligion zu einem Auserwähltheitsanspruch, ja zu einem Wahn, wie er heute gelegentlich bei den Welteroberungs-Phantasien mancher Terroristen zu beobachten ist, ist da manchmal nicht weit. Minderwertigkeitskomplex und Übertreibung bedingen einander.

Das triumphalistische Element einer wehrhaften Religion gilt auch für die Gestalt des Propheten selbst. Weder Jesus noch Buddha können wir uns mit der Waffe in der Hand vorstellen, Muhammad jedoch war ein Prophet, der zwar den Krieg nicht liebte, aber auch nicht bereit war, die andere Wange hinzuhalten. Gerade das Christentum sollte sich freilich angesichts seiner Geschichte zurückhalten mit Urteilen, die dem Islam eine besondere Gewalttätigkeit zuschreiben. Wahr ist allerdings, dass sich Muhammad und die Seinen mit ihren Feinden, das heißt vornehmlich den Mekkanern, auch mit der Waffe auseinander setzten. Der Islam ist eine kämpferische

Religion. Ihr Prophet war ein durchaus bewaffneter Prophet, dessen Erfolg nicht zum geringen Teil auch den Waffen zu verdanken war. Die Schlachten aus der Frühzeit des Islams, die Kämpfe bei Badr und Uhud, müssen wir uns freilich eher als Geplänkel denn als große Schlachten vorstellen, war doch die Zahl der an ihnen beteiligten Krieger relativ gering. Der Prophet war jedoch immer bestrebt, seine Ziele, wenn das möglich war, durch List statt durch Gewalt sowie durch politisches Taktieren oder durch den Abschluss von Verträgen zu erreichen. Fragwürdig in der Biographie des Propheten bleibt indessen sein radikales Vorgehen gegen die drei jüdischen Stämme zu Medina, deren letzten er physisch vernichten ließ. So war das Verhältnis zu den Juden von vornherein zwiespältig. Nicht erst der Streit zwischen Arabern (Muslimen) und Zionisten (Juden) um Palästina hat das Verhältnis zerrüttet, sondern es war von Beginn an wechselhaft, ein Auf und Ab, das von der jeweiligen Ausrichtung der Herrschaft abhing, obschon Juden phasenweise im Islam weitaus besser lebten als in der Christenheit.

Doch ich möchte zurückkehren zu systematischeren Zusammenhängen. Wir sprachen von der großen Ähnlichkeit zwischen den Religionen Abrahams, die alle den allmächtigen Schöpfer des Himmels und der Erden verehren und die Menschen aufrufen, sich gerecht und wohltätig zu verhalten, auf dass sie einmal selig werden. Daran gibt es nichts zu deuteln. Es ist wohl auch kein anderer Gott, den der Islam anbetet, denn das arabische Wort »Allah« bedeutet eben nur »der Gott« (sprachlich zusammengezogen aus: al-ilah), auch für die arabischen Christen. Unter den 99 Namen, die Gott beigelegt werden, finden sich Bezeichnungen, die der Christ aus dem Alten und Neuen Testament schon kennt. Gott ist der Gewaltige, Erhabene, Strafende, Fürsorgende, Barmherzige, Verzeihende und vieles andere mehr. Wohlwollen wechselt mit Zorn.

Gleichwohl gibt es doch in zentralen Lehren, die das Eigenverständnis der Religionen betreffen, auch Unterschiede von mehr als nur marginaler Bedeutung.

Die drei großen Differenzen

Zunächst muss gesagt werden, dass der Islam – bei aller Verehrung und Hochachtung für Jesus und Maria, über die der Muslim nichts Schlechtes sagen darf – doch das zentrale Ereignis des Christentums,

Kreuzigung und Auferstehung des Jesus von Nazareth, nicht anerkennt. In der islamischen Vorstellung verhält es sich so, dass nach koranischer Auffassung schlichtweg »ein anderer« an Jesu Stelle gekreuzigt wurde. Doch die Christen haben das nicht verstanden und glauben an Jesu Kreuzestod. Tatsächlich entstand eine »muslimische« Überlieferung, der zufolge Jesus nach den in den Evangelien geschilderten Ereignissen gen Osten aufbrach, im Zentrum Asiens predigte und in Kaschmir starb, wo man noch heute sein Grab verehrt und es den Christen zeigt. Die bis heute ungeklärten Inhalte dieses Mythos wollen wir hier nicht bewerten, sondern nur erwähnen. Ihre Aufarbeitung ist die Angelegenheit spezieller Wissenschaften.

Ein Weiteres betrifft die christliche Doktrin von der Erbsünde. Auch sie wird vom Islam zurückgewiesen. Ein radikal Böses im Sinne Kants oder Schopenhauers – worin wir einen rationalistischen Nachhall der christlichen Erbsünde-Lehre sehen können – ist dem Islam unbekannt. Wohl gibt es Iblis und Schaitan, den Teufel und Versucher, der ausnutzt, dass der Mensch schwach, Gott gegenüber ungehorsam und somit sündig sein kann, doch eine Grundsündhaftigkeit als sozusagen kollektiver Makel der »geschöpflichen Gattung Mensch« kommt im Islam nicht vor. Der Mensch ist nur potentiell Sünder, nicht prinzipiell; er ist deshalb potentiell auch in der Lage, eine gerechte, von Mängeln weitgehend freie Gemeinschaft aufzubauen, was immer wieder Utopisten, bisweilen auch »islamische Sozialisten« auf den Plan rief. Bezogen auf das Individuum und seinen Lebensentwurf haben vor allem die Sufis, die Mystiker des Islams, die Idee des »vollkommenen Menschen« (insan al-kamil) proklamiert, der alle religiösen Tugenden in sich vereint. Der Sufismus mit seinen verinnerlichten ethischen Idealen ist ohnehin mehr eine Angelegenheit des Individuums als des Gesetzes-Islams, das heißt der Scharia, mit ihren gesetzesförmigen Bestimmungen.

Unüberbrückbar scheint der Gegensatz zwischen Muslimen und Christen auf dem Feld der Vorstellung der göttlichen Trinität zu sein. Diese christliche Lehre von der Dreieinigkeit (Gott Vater, Gott Sohn und Gott Heiliger Geist) – ein Dogma, das sich erst in der frühen Geschichte der Kirche herausgebildet hat – wird vom Koran als schwere Beeinträchtigung des Monotheismus angesehen und abgewiesen. In den Augen der Muslime, und zwar aller Muslime, ist es Vielgötterei, Polytheismus (schirk), Beigesellung anderer Wesen zu Gott und damit schwere Sünde. »Sprich: Gott ist einer, der ewig Beständige, er hat nicht gezeugt und er ist nicht gezeugt, und keiner ist ihm gleich«, wie es in Sure 112 heißt. Die Muslime weiden sich denn auch immer an der Kasuistik, mit der christliche Theologen zu erklären versuchen, wieso Gott einer ist, aber dennoch durch drei Personen dargestellt wird. Die mittelalterliche Scholastik hat um die Lehre von der Dreifaltigkeit scharfsinnige philosophische Dispute geführt, etwa über die Natur der Allgemeinbegriffe (universalia). Heute sollte man vielleicht über den gemeinsamen Gottesglauben lieber zu größerer Gemeinsamkeit finden, als unvereinbare dogmatische Gegensätze aus alten Zeiten zu kultivieren. Doch vorhanden sind sie, und man muss sie auch benennen. Sie werden als theologische Grabenkämpfe jedoch die Probleme der Welt nicht meistern helfen.

Die alltägliche Berichterstattung der Medien trägt eine große Verantwortung bei der Entstehung eines Islam-Bildes. Nicht immer werden die Journalisten dabei ihrer Aufgabe gerecht. Um nicht missverstanden zu werden: Es gibt natürlich viele Erscheinungen im zeitgenössischen Islam, die ihr eigenes, negatives Bild erzeugen. Sie sprechen sozusagen für sich selbst und benötigen nicht die zusätzliche Denunziation durch andere. Auf einem anderen Blatt stehen jedoch Sensationsberichte, die oft ohne gewissenhafte Nachprüfung kolportiert werden. Sie führen dazu, dass der Islam, eine der großen Weltreligionen und Großkulturen, ganz einseitig immer nur im Lichte der Gewalt gesehen wird. Seit der so genannten islamischen Revolution in Iran in den Jahren 1978/79, die auch ein durchaus gewalttätiges Ereignis gewesen ist, und erst recht seit dem 11. September hat sich dieses »Image« des Islams im Westen vielfach verdunkelt.

Richtig daran ist, dass die islamische Welt eine Region darstellt, die vor u n g e l ö s t e n politischen, gesellschaftlichen, kulturellen und sozialen Konflikten geradezu birst. Diese Konflikte brechen sich oft unter religiösem Vorzeichen Bahn, da andere Lösungsmechanismen und Ideologien kaum oder gar nicht existieren. Uns im Westen sind solche Mechanismen nicht unbekannt, wir haben sie freilich im Lauf der beiden letzten Jahrhunderte durch politische und gesellschaftliche Reformen, die in unserer Aufklärung wurzeln, weitgehend überwinden können. Als Restbestand solcher alten Strukturen in Europa mag der Konflikt in und um Nordirland angesehen werden, wo politische und soziale Konflikte ebenfalls noch immer in religiös-konfessionellem Gewande daherkommen. Im Islam zeigt sich Opposition bis heute häufig auf eine nicht-weltliche, eben mit der Religion verbundene Weise.

Eine politische Religion

Man muss freilich hinzufügen, dass das politische Element von Anfang an im Islam eine wichtigere Rolle spielte als in anderen Religionen. Muhammad war eben auch Politiker, Schöpfer der Gemeindeverfassung von al-Medina, und er war auch bereit, wie wir hervorgehoben haben, zur Waffe zu greifen. Der britische Orientalist Montgomery-Watt bezeichnet Muhammad daher mit Recht als »prophet and statesman«. Er schuf die Grundlagen für eine Gemeinschaft, die sich nach seinem Tode mit Hilfe der Schriftgelehrten, der ulema und der Doktoren des Sakralrechts, zu einer umfassenden Lebensform entwickelte. Dabei wurden auch gesellschaftliche, rechtliche und kulturelle Vorstellungen, Sitten und Gebräuche aufgenommen, die schon vor dem Islam in jenen Regionen vorhanden waren.

Es ist auffällig, dass der Islam in den vergangenen Jahren eine große Widerständigkeit gegen alles gezeigt hat, von dem er glaubt, es werde seine Identität untergraben. Doch selbst diese Widerständigkeit ist mehrheitlich kein Phänomen der Gewalt, sondern muss auf andere Weise, kulturphilosophisch und politisch, gedeutet werden. Insgesamt hat der europäische Kontinent, der im 20. Jahrhundert zwei blutige Weltkriege mit 65 Millionen Toten entfesselte, die übrige Welt in sie hineinzog, der Gulags und Konzentrationslager errichtete, die ebenfalls ein Millionenheer von »Menschenopfern« forderten, wenig Grund und Veranlassung, andere Kulturen einer originären Gewalttätigkeit zu zeihen. Dennoch muss es im Raum zwischen Casablanca und Mindanao gelingen, den dort vorhandenen Machismo abzubauen, der noch einen großen Teil der Alltagskultur bestimmt. Noch immer führt dies zu einem Waffenkult und – aus westlicher Sicht – Männlichkeitswahn, der die Militarisierung erleichtert, zumal in einem religiösen Kontext.

Religionsphänomenologisch haben viele Muslime heute mit einem Problem zu kämpfen, das auch durch die Globalisierung, eine vorwiegend westliche Erscheinung, entstanden ist: dass nämlich die traditionelle Religion mit ihren besonderen Werten und den dazu gehörenden Lebensformen mehr und mehr auch als ein lästiger Störenfried all jener ökonomischen, politischen und kulturellen Prozesse empfunden wird, welche die Globalisierung ausmachen und vorantreiben, ja aus denen heraus sie lebt und sich speist. Die abgeschwächte westlich-christliche Religiosität eines bloß noch privaten Innehabens von Religion, das in der Öffentlichkeit zunächst keine wirklich sichtbare Rolle mehr beansprucht und dementsprechend auch nicht besonders auffällt, ist dem Islam eben bis heute wesensfremd. Islam ist im Wesentlichen Orthopraxie, hat einmal ein bekannter Orientalist formuliert, also gelebte Glaubenswirklichkeit im Alltag, der durch die Regeln der Scharia geprägt wird. Wer einmal gesehen hat, wie Tausende von Betern am Freitagmittag die verkehrsgeplagten Straßen und Plätze Kairos blockieren, ohne dass dies jemanden stört, ohne dass jemand wütend hupt oder schimpft, weiß, was mit dem Begriff »Orthopraxie« gemeint ist. Sicher kennt auch der Islam die stille, verinnerlichte Frömmigkeit, doch steht sie weniger im Vordergrund als die Orthopraxie. Diese reicht ja bis hin zur sakralen Kleidung, denn die Muslime bedecken nicht grundlos das Haupt und verhüllen, zumal die Frauen, ihre Körper. Noch heute erscheint die Vorstellung, es könne eine »neutrale« Mode geben, die nicht mehr in einem religiösen Brauch, sondern in wertfreier Ästhetik oder worin auch immer gründet, vielen traditionellen Muslimen ein wenig ungereimt. Wer kann schon im Minirock oder in kurzer Hose das Gemeinschaftsgebet mit seinen streng vorgeschriebenen Niederwerfungen und Erhebungen verrichten? Freilich hat die Globalisierung bewirkt, dass auch im Islam die traditionelle Kleidung immer mehr in den Hintergrund tritt und nur noch in »hinterwäldlerischen« Refugien ganz ungeschmälert anzutreffen ist. Manche Muslime tragen sie heute freilich wieder bewusst, um sich abzusetzen.

Dies alles zeigt, dass unsere Welt heute von Prozessen rasender Veränderung und Anpassung bestimmt wird, wie man sie früher in dieser Geschwindigkeit und Tiefe niemals erlebt hat. Stockt bisweilen, wenn man ehrlich sein will, nicht auch den Europäern darob der Atem? Vor allem der Islam scheint sich mit ihnen schwer zu tun. Aufklärung und Verwandlung tun Not. Es muss allerdings den Anhängern des Islams a l l e i n überlassen bleiben, ob und auf welche Weise sie sich althergebrachter Dinge entledigen, die eine Fortentwicklung behindern; die Muslime müssen entscheiden, welche Dinge dies sind und welche dies nicht sind, das heißt worauf sie bestehen wollen.

Einstweilen sieht es indessen nicht so aus, als werde der Islam bald eine kräftige Reformbewegung erleben. Dem steht nicht nur der Islamismus als eine relativ neue islamische Kampf-Ideologie entgegen, sondern auch die traditionelle Auffassung, dass der Islam, die Scharia insbesondere eingeschlossen, ein im Prinzip unveränderlicher Glaube sei, der Alltag und Politik der Menschen bis ins Detail zu regeln habe und dessen göttliche Weisung zu hinterfragen Blasphemie sei. Diese Auffassung wird von einem großen Teil der Schriftgelehrten für unantastbar gehalten, was dazu führt, dass sie häufig lieber gegenüber den Fanatikern und ihren gewalttätigen Übergriffen schweigen, als sich den Reformern zuwenden. Natürlich hängt dies alles auch mit Machtfragen zusammen, mit der Definitionsmacht in Sachen Glauben, mit der Macht über die Gläubigen selbst, mit der Macht auch über das politische System und die jeweils herrschende Clique. So ist heute leider noch nicht abzusehen, wie angesichts der zahlreichen gescheiterten Reformversuche von den Muslimen eine massive Veränderung eingeleitet werden kann, die diesen Namen auch verdient. Es muss jedenfalls auffallen, dass die vorherrschende Figur des islamischen Kulturverlaufs der Kreis ist, wie der große islamische Denker Ibn Khaldun (1336–1406) festgestellt hat, jedenfalls bis heute.

Solche Fragen müssen in einem europäischen Kontext natürlich noch brisanter sein als dort, wo der Islam sozusagen zu Hause ist, vor allem nach den terroristischen Ereignissen des 11. September 2001, die vielleicht eine Epochenschwelle im Verhältnis zwischen dem Westen und dem Islam markieren. Wie die Muslime in Ägypten oder Iran, in der Türkei oder im Jemen leben wollen, ist tatsächlich allein ihre Angelegenheit. Bei uns jedoch ist es unsere Angelegenheit. Da inzwischen zwanzig Millionen oder mehr Muslime in Europa leben – davon etwa drei Millionen in Deutschland – kann es den Europäern nicht gleichgültig sein, ob die unter ihnen lebenden Anhänger des Propheten eine liberale, traditionalistische oder islamistisch-fundamentalistische Ausprägung ihres Glaubens praktizieren. Doch wird man ungeachtet des notwendigen Werbens für eine Beseitigung der Missverständnisse über den Islam daran festhalten müssen, dass die Muslime in West- und Mitteleuropa sich im Großen und Ganzen nach den Regeln und Gesetzen der dortigen Staaten und Gesellschaften auszurichten haben. Niemand wird übersehen können und dürfen, dass es eine doch radikal andere Gesellschaft gewesen ist, in welcher der Prophet des Islams aufwuchs und seine Offenbarungen empfing.

Muhammad im Inneren seiner Seelenwelt

Was ist ein Prophet (nabiy), was ist ein »göttlicher Gesandter« (rasul, rasul Allah)? Als solche bezeichnet der Islam, darin dem Koran folgend, seinen Stifter, den Propheten Muhammad. Für den Gläubigen ist die Antwort auf diese Frage einigermaßen klar. Er wird sagen, der Prophet und Gesandte sei einer, der die göttliche Botschaft der Offenbarung an die Menschen übermittle, sozusagen ein metaphysischer Briefträger, der Post aus der Dimension Gottes in die der Welt und Werdewelt mit ihrem täuschenden Schein ausliefert. Im Islam kommt hinzu, dass man dort den Propheten Muhammad keineswegs als göttlich verehrt, sondern eben nur als Bote und Mensch, der allerdings von Gott zum metaphysischen Briefträger auserwählt und dadurch ausgezeichnet worden ist. Nicht mehr.

Dies freilich ist genug, um Verstörung hervorzurufen und Fragen zu provozieren, denn wie soll man sich die Sache praktisch vorstellen? An dieser Stelle hört der einfache Gläubige zu fragen auf, das heißt, er begnügt sich mit der Feststellung, dass es sich eben so verhalte. Punktum. Doch was ist Prophetie, was ist Gottesgesandtschaft? Gibt es so etwas überhaupt? So fragt ein skeptisches Zeitalter wie das unsrige. Und wenn es das gibt, wie »funktioniert« es? Auch hier neigt unreflektierter Glaube dazu, das Faktum als gegeben hinzunehmen. Und solange die Religion intakt ist, solange nicht des Gedankens Blässe ihr Antlitz bleicht, scheint auch alles in Ordnung zu sein. Im religiösen Paradigma versteht sich die religiöse Sprache im Sinne eines Wittgenstein'schen Sprachspiels irgendwie von selbst. Jeder weiß, was gemeint ist, ohne Definitionen vorlegen zu können. Erst der Paradigmenwechsel zum Rationalismus, der alles zergliedern und verstehen will, rückt dann solchen »Selbstverständlichkeiten«, wie es metaphysische Postboten sind, zu Leibe.

Gehen wir zunächst von der Sprache aus. Im Wörterbuch des Arabischen finden wir unter der Wurzel »rsl«, von der das Wort »rasul« (Gesandter) abgeleitet wird, in deren Grundform eine interessante Bedeutung, nämlich »herabhängen«, vor allem im Zusammenhang mit dem Haar. Es ist ein sprechendes Bild, das den Gottesboten des Islams in Verbindung bringt mit einem Haar, das herabhängt. Charakterisiert dies die Eigenschaft eines rasul zur Genüge? Ist er einer, der sozusagen eine haardünne Verbindung hat (einen »Draht« würden wir heute vielleicht sagen) zu jenem göttlichen Absender, von dem er spricht? Im dritten Stamm dieser drei Radikale erscheint als Bedeutung ein weiterer interessanter Aspekt: »korrespondieren«, ein Begriff aus der Welt der Kommunikation. Im sechsten Stamm lesen wir gar »miteinander korrespondieren«. Der Gesandte Gottes ist vielleicht nicht nur einer, der passiv eine Botschaft übermittelt wie ein normaler Briefträger, sondern der auch mit einem Gegenüber – in diesem Falle Gott selbst – korrespondiert. Das ist ja wesentlich mehr. Im vierten Stamm schließlich erscheint die geläufige, vertraute Fassung der Gottes-Gesandtschaft (risala, im heutigen Arabisch oft auch Brief oder Traktat): »schicken«, »senden«, dazu »herauslassen«, »hervorbringen« und »freien Lauf lassen«. So weit die Wurzel »rsl«.

So scheint fürs Erste deutlich zu sein, was ein Gesandter Gottes ist: Er korrespondiert mit Gott, zu dem er eine – wenn auch nur dünne – Verbindung hat, und schickt das Ergebnis seiner metaphysischen Kommunikation an andere weiter. Ein Überbringer.

In der Sache selbst jedoch bringt dies keine Klarheit, denn es geht ja um die Frage nach dem Charakter dieser Kommunikation, ob sie wirklich ist oder nur als solche behauptet wird. Es unterliegt keinem Zweifel, dass der Prophet selbst an die objektive Wirklichkeit seiner Kommunikation mit Gott geglaubt hat, während manche seiner Gefährten bisweilen daran zweifelten. Vor allem die eingefleischten Gegner und Feinde des islamischen Propheten, »Positivisten« allesamt, hielten seine »Gespräche mit Gott« allenfalls für Dichtung, wie man sie kannte im vorislamischen Arabien. Zeugnisse dieser Beduinendichtung gab es ja genug. Oder sie hielten die Offenbarungssprüche des Propheten für schlichte Erfindungen und Phantastereien. Wenn es wahr ist, dass zumindest ein Teil der Offenbarungen Muhammads, wie sie der Koran versammelt, auch von körperlichen und seelischen Nebenerscheinungen begleitet war, lag es zumindest für Nicht-Muslime und Skeptiker nahe, ihn für einen – wir drücken es zurückhaltend aus – seelisch Belasteten zu halten.

Die heutige Wissenschaft, positivistisch, wie sie nun einmal ist und zu sein hat, ist in dieser Angelegenheit so schlau, wie es seinerzeit auch die Skeptiker zu Mekka gewesen waren. Sie weiß nichts Bestimmtes darüber zu berichten. Auch sie hat in Gestalt einiger ihrer Vertreter gelegentlich behauptet, der Prophet des Islams sei »nicht gesund«, gar Epileptiker gewesen, andere wussten von »schweren Depressionen« zu berichten. Psychoanalyse solcher Art hat bisher noch jeden schöpferischen Geist der Menschheitsgeschichte in ihr Sammelsurium von Gestörten, Kranken und Irren eingereiht. Auf einem anderen Blatt steht hingegen, dass so etwas wie Offenbarung für das rationale Bewusstsein unserer Zeit in der Tat wohl kaum etwas anderes sein kann als eine einzige Provokation.

In den letzten Jahren haben modernistisch gesinnte Muslime sich dem Thema der religiösen Kommunikation mit Methoden zu nähern versucht, die sie der modernen Informationswelt und -technik, der Informatik und der Semiotik (Zeichentheorie), abgelauscht haben. Der Iraner Navid Kermani, in Deutschland aufgewachsen, hat sich dem Thema »Offenbarung als Kommunikation« anhand des koranischen Begriffes »wahy« genähert. Dieser ist das arabische Äquivalent für »Offenbarung«. Ausgangspunkte Kermanis sind Überlegungen des ägyptischen Reform-Theologen Nasr Hamid Abu Zaid, die dieser in seinem Werk »Kritik des religiösen Diskurses« (naqd al-chutab al-dini) niedergelegt hat. Abu Zaid, dem orthodoxe und fundamentalistische Theologen und Richter daraufhin übel mitspielten, unterscheidet darin verschiedene Stufen der Kommunikation. Sein Ansatz gilt nicht zu Unrecht als Versuch, durch differenzierte Betrachtung der Offenbarung und ihrer jeweiligen Hintergründe sowie ihrer Einbettung in jeweilige historische Umstände und Situationen so etwas wie säkulare Kategorien, welche die altbekannten Unterscheidungen der Suren ausdifferenzieren, in die Diskussion einzuführen.

Die philosophische Kategorie des Verstehens versucht, auch die geistigen Dimensionen und Hintergründe von Religionsstiftung, so weit das überhaupt möglich ist, zu erfassen und sinnvoll auszulegen. Die überwiegende Methode dafür ist das »Verstehen von innen heraus«. Das heißt nicht mehr und nicht weniger, als den Versuch zu unternehmen, den Propheten Muhammad aus dem Innern seines Seelenlebens zu deuten. Dass dies vollständig gelingen werde, kann nur ein Tor oder Illusionist behaupten. Nicht nur der zeitliche Abstand und der Mangel an Quellen macht dies unmöglich, sondern Hindernisse allgemeiner und prinzipieller Art: Es ist ja unmöglich, das weite Land der Seele in einem jeweils anderen Menschen wirklich erschöpfend zu erkunden. Jeder ist eine Insel, von der wir allenfalls die Ränder besetzen, aber nur schwer in das Landesinnere vordringen können. Handelt es sich bei dem gemeinten Individuum gar um einen Menschen, der mit der transzendenten Welt zu kommunizieren behauptet, so könnte man gewiss verzweifeln.

Allenfalls die Analogie, das heißt der Vergleich mit anderen, ähnlichen Innenerfahrungen und den – glaubhaft bezeugten – seelisch-geistigen Erfahrungen vieler begabter Menschen auf anderen Feldern des Geistes kann uns vielleicht dazu ermutigen, das Denken und Handeln anderer aus ihrem Inneren heraus zu entschlüsseln. In einem Fall wie dem des Propheten Muhammad wird das dadurch erschwert, dass man sein äußerliches Verhalten, aber auch seine seelischen Reaktionen nur aus Überlieferungen kennt und entsprechend »befragen« kann. Diese Überlieferungen sind mit allen Zweifeln belastet, die Überlieferungen nun einmal mit sich bringen, selbst wenn man nicht, wie es heute gang und gäbe ist, zu übersteigerter Zweifelsucht neigt.

Die westliche Orientwissenschaft hat früher bisweilen auch die Frage erörtert, ob der Prophet des Islams ein Betrüger gewesen sei, nicht in jenem Sinne, in dem christliche Voreingenommenheit Muhammad ohnehin als Ketzer ansah, sondern im Voltaire'schen Sinn des »Priesterbetruges«. Obschon die europäische Aufklärung insgesamt Muhammad und den Islam günstiger beurteilten (nicht zuletzt, um im religiös-kulturellen Gegenbild des bis dahin geächteten Islams die Kirche zu kritisieren), schleppten sich doch Verdächtigungen der Unehrlichkeit noch in einige orientalistische Werke des 19. Jahrhunderts fort. Überdies gab es seit dem Mittelalter unter den Skeptikern und Freidenkern jene These von den drei großen Betrügern (»De tribus impostoribus«), unter die neben Moses und Jesus auch Muhammad gerechnet wurde.

Wer das im Koran und in der »Sira«, der sozusagen halb amtlichen Prophetenbiographie des Ibn Ishaq in der Redaktion des Ibn Hischam, vorliegende Bild des Propheten vor Augen hat, kann unmöglich an der These des Betruges festhalten. Koranverse, vor allem frühe, machen deutlich, wie kritisch der Prophet gegenüber sich selbst gewesen ist, wie er den eigenen inneren, für ihn ganz ungewöhnlichen und unverhofften Erlebnissen misstraute und sich sogar vor ihnen ängstigte.

Nehmen wir einmal die bekanntesten Texte dazu als Beispiel: Sure 74 trägt den Titel »al-muddaththir«, der Bedeckte. Sie beginnt mit den berühmten Versen: »ya ayyuha al-muddaththir – o du Bedeckter! Erhebe dich und warne. Und preise deinen Herrn. Und reinige deine Kleider!«

Sure 73, ebenfalls eine der ältesten Offenbarungen, heißt »al-muzzammil«, der Verhüllte. Sie setzt mit den Worten ein: »ya ayyuha al-muzzammil – o du Verhüllter. Erhebe dich in der Nacht (im Gebet) außer ein wenig ... und trage den Koran vor!«

In diesen sprachlich parallel gebauten Offenbarungen beruhigt und ermuntert der Erzengel Gabriel, über dessen Vermittlung Muhammad mit Gott kommunizierte, den Propheten, der verunsichert erscheint.

Was ist der voraussichtliche individuelle Hintergrund dieser Offenbarungen? Muhammad pflegte, wie die Tradition zu berichten weiß, seine kontemplativen Phasen in einer Höhle des Berges Hira unweit von Mekka zu verbringen. Dort traf ihn wohl die erste Offenbarung, wie sie in Sure 96 vorliegt. So jedenfalls lehrt die Tradition. Wir folgen dieser von den Muslimen geglaubten Fassung, wohl wissend, dass westliche Koranforscher heute mehr und mehr dazu neigen, die Anfänge des Islams wie seinen Charakter anders zu interpretieren.

Der Prophet wusste zunächst gar nicht, was mit ihm geschehen war, flüchtete sich in die Obhut seiner Gemahlin Chadidscha Bint Chuwailid, die ihm offenbar ausreden musste, dass er von einem Dschinn besessen (madschnun) sei. Chadidscha und bald auch andere Verwandte wie sein späterer Schwiegervater Abu Bakr oder sein Vetter Ali brachten den Propheten dazu, zu seinen inneren Visionen zu stehen, sie zu akzeptieren. Quälend muss für Muhammad jene Zeit gewesen sein, in der die Kommunikation zunächst abbrach, bis sie schließlich in den beiden oben erwähnten Suren fortgesetzt wurde. Gabriel redet den Propheten, der sich angesichts der Vision mit seinem Mantel oder Umhang einmal verdeckt, dann verhüllt hatte, an, er möge seine Furcht fahren lassen und die Vision verkünden. Rätsel gibt die Aufforderung auf, Muhammad möge seine Kleider reinigen. Insgesamt ist am wahrscheinlichsten, dass der Prophet seine Erlebnisse sowohl über den Sehsinn als auch über das Gehör vermittelt bekam. Der Erzengel Gabriel (Dschibra'il) soll am Horizont sichtbar geworden sein und den Propheten zum Lesen oder Rezitieren des göttlichen Wortes aufgefordert haben. So stellen es die ältesten Suren des Korans jedenfalls dar.

Doch hilft uns das noch immer nicht weiter in unserem Bemühen, die inneren Erlebnisse Muhammads begrifflich nachzuzeichnen. Wir hatten gesagt, dass man einfach an die Existenz von Prophetie im Sinne positiver, direkter Offenbarung glauben könne. Es gibt jedoch auch philosophische Annäherungen an dieses Phänomen, die allerdings nicht immer den ungeteilten Beifall orthodox-religiöser Menschen finden.

Der Verfasser dieser Zeilen kann aus rationalen Erwägungen heraus nicht glauben, dass jemals irgendein Mensch mit Gott gesprochen hat, wie das die frommen Überlieferungen glauben machen. Für alle Orthodoxen ist das, man weiß es wohl, ein schrecklicher Gedanke, und dennoch beschäftigt er gerade auch sie in unserer Zeit.

Es ist legitim, davon zu sprechen, Mozarts Musik künde von einer »höheren« Welt, das heißt einer Welt, die dem Nicht-Mozart wie auch den meisten Musikern nicht zugänglich sei. Was ist hier Inspiration? Und muss Inspiration bedeuten, dass eine unmittelbare, direkte Eingebung durch das höchste Sein selbst erfolgt? Mozarts Begabung mag man auf irgendeine Weise gottgegeben oder göttlich nennen, sie ist musikalischer Natur und entfaltet sich auf diesem Feld. Seitdem es den Kulturmenschen gibt, hat er auch religiöse Vorstellungen, Empfindungen und innere Bilder vom Geheimnis, welches die Propheten aufgrund ihrer speziell religiösen Begabung entfalten. Ihre Begabung kreist um Gott, um das Numinose, Faszinose und Tremendum, und sie ist so dicht und den übrigen Menschen rätselhaft wie Begabungen auf anderen Gebieten, die wir bewundern, doch im Letzten nicht erklären oder gar »züchten« können. Und sie verwenden eigene Sprachen, eigene »Begriffe« und Wendungen, deren Bedeutung mit der Zuordnung äußerer Gegenstände im herkömmlichen Sinn einer sprachlichen Abbildtheorie gewiss nichts zu tun haben. Helfen hier Wittgensteins Sprachspiele weiter? So wie er das Sprechen im Akt des Betens als eigenes Sprachspiel begreift, so kann man das wohl auch mit dem Sprechen der Propheten. Ihr Sprechen erschließt sich in genau dem Bedeutungszusammenhang, für den es gedacht ist, außerhalb ist es unverständlich. Der nicht-religiöse Mensch kann mit diesem Sprachspiel nichts anfangen. Dem religiösen Menschen hingegen kann es helfen, auf rationale Weise zu verstehen, dass religiöse Aussagen eben von anderer Natur sind als profane Sprachspiele, die von der Alltagswelt handeln.

Der englische Philosoph Charlie Dunbar Broad (1887–1971) hat sich zeitlebens um das Verstehen der religiösen Erfahrung bemüht. Er gehörte zu jenen Denkern Großbritanniens, deren Verwurzelung im Empirismus oder in der analytischen Philosophie sie nicht daran hindert, die Religion – und vor allem das Religiöse als menschliche Existenzialie – ernst zu nehmen. Seine Philosophie, wenn man denn davon reden kann, ist wesentlich Religionsphilosophie gewesen.

In einem Aufsatz über das Wesen der religiösen Erfahrung (»Subjektive Gotteserfahrung und objektive Realität«) vergleicht Broad auf einsichtige Weise Religion und Musik, das Religiöse und das Musikalische. Beide Gebiete des geistigen Lebens, vor allem die religiöse Erfahrung und die Erfahrung musikalischen Ausdrucks, entziehen sich letztlich rationaler Erfassung. Sie finden im Innenraum des Menschen statt. Ein gänzlich unmusikalischer Mensch hat kein wirkliches Bedürfnis nach Musik, er fragt sogar konkret danach, was sie denn beweise. Nichts, müssen wir hier wahrheitsgemäß antworten, wenn Sinn und Wahrheit mit konkreter Aufweisbarkeit, gar Beweisbarkeit in eins gesetzt werden. Einem wirklich unmusikalischen Menschen die Musik »beibringen« zu wollen, ist meistens vergebliche Liebesmüh. Bruckner sei »sehr laut« und Beethoven bisweilen »sehr wild« – solcherart werden die Urteile sein und bleiben.

Ähnlich müssen wir nach Broad, trotz aller Unterschiede zum Musikalischen, das Religiöse einordnen. Ein gänzlich unreligiöser Mensch wird keinen Zugang zu religiösen Erlebnissen finden, auch kein Bedürfnis nach ihnen haben. Der Gehalt mystischer Erfahrungen, etwa eines heiligen Franziskus oder der heiligen Therese von Avila, der Sinn und die je eigene Wahrheit religiöser Dichtungen und die Auslegung ihrer eigentümlichen, bildhaften Sprache wird ihm so fremd bleiben wie dem Unmusikalischen die ganzheitliche Rezeption einer großen Symphonie und ihrer Tonsprache. Oft geht damit auch die Auffassung der Nüchternen Hand in Hand, die Religion sei so überflüssig wie die Musik, Wortgeklingel sei das eine, Tongeklingel das andere.

Man lernt daraus, dass in all diesen Dingen – Musik, Philosophie, Religion – eben kein Zwang sein soll und kann. Und doch: Wo wären wir, wo stünde die menschliche Kultur ohne die großen Werke der Musik und der Religion? Wo kämen wir hin, wenn nur das so genannte Faktische und Handfeste, nur das konkret Aufweisbare unseren geistigen Horizont bestimmen würden?

Broad stellt nun in Bezug auf die Musik und die Musikalität von Menschen vier Kategorien auf: den normalen Musikhörer oder -spieler, den Musikpädagogen, den Virtuosen und das musikalische Genie. Also: die musikalische Frau Müller oder den musikalischen Herrn Meier, deren Musiklehrer oder -professor, dann hochbegabte Solisten wie Horowitz oder Rubinstein, schließlich Beethoven oder Mozart, die großen, inspirierten Schöpfer der Musik. Man kann sich jetzt schon ungefähr zusammenreimen, wie das alles auf die Sphäre der Religion übertragen werden könnte. Es gibt da den normalen Gläubigen, das Kirchenmitglied X oder Y zum Beispiel, dessen Religionslehrer oder Priester, der – wie der Musiklehrer für die Musik – als Theologe das vermittelnd Lehrhafte der Religion und die Riten weitergibt und praktiziert; es folgt dann der Heilige, der das Religiöse und seine Ausdrucksformen virtuos beherrscht wie der Klaviervirtuose sein Instrument. Am Ende, vielmehr an der Spitze dieser Leiter, steht dann der Prophet und Religionsstifter, der religiös Inspirierte oder – um es weltlicher auszudrücken – das religiöse Genie.

Was hat dies alles mit dem Propheten des Islams zu tun? Ich glaube, dass wir mehr über Prophetentum und Gottesgesandtschaft auf eine rational vertretbare Weise nicht sagen können, als es Broad mit seinen Analogien des Verstehens tut. Der Rest ist Schweigen oder eben Glauben. Der im traditionellen Sinne Gläubige wird wohl die Botschaft, sein Prophet sei ein religiöses Genie, ein Inspirierter, ganz anders auffassen, als dies der Denker im rationalen Kontext versucht. Ihm tut das Genüge. Immerhin ist auch dieser Letztere bereit zuzugestehen, dass man die letzte Wirklichkeit der Inspiration – gewiss auch schon bei Musikern – niemals im Sinne einer endgültigen Konkretion, die alles kennt und weiß, erfassen wird. Schulweisheit – ich erinnere an den berühmten Vers im Hamlet – muss da versagen.

Betrachten wir nun den Propheten Muhammad als ein religiöses Genie im Sinne Broads, so können wir besser den Versuch unternehmen, uns in das Innere seiner Seele hineinzuversetzen, ist doch das einfühlende Nachzeichnen etwa eines Schaffensprozesses eine durchaus oft verwendete Methode zum Beispiel der Biographik. Man kann damit manches gründlicher erkennen, was zunächst unverständlich zu sein scheint, ohne freilich an ein Ende zu kommen. »Der Seele Grenzen kannst du nicht ergründen, so tief ist ihr Logos«, heißt es bei Heraklit, dem Weisen von Ephesos.

Als Muhammad »im Jahr des Elefanten« (571 n. Chr.) auf die Welt kam, war er schon Halbwaise, da der Vater Abdallah noch vor der Geburt gestorben war. Sechs Jahre lang wuchs er sozusagen »zwischen« der Mutter Amina und seiner Amme auf. Dann war er schon Vollwaise, da auch die Mutter plötzlich starb. Diese dürren Fakten erzählen bereits eine ganze Seelengeschichte. Wie fühlt sich ein Junge, der Laufen und Sprechen lernt, aber keinen Vater erlebt und bald auch keine Mutter mehr um sich hat, sich dieser aber wenigstens erinnert? Der Begriff »Waise« (al-yatim) im Koran ist bisher vernachlässigt worden. Zu den Waisen und Witwen gut zu sein, ist einer der Punkte, die in der islamischen Ethik eine zentrale Rolle beanspruchen können.

Wir wollen an dieser Stelle nicht unbedingt die Tiefenpsychologie bemühen, doch dürfte es für die Muslime – die gerade in Muhammad nur den Menschen und nichts als den Menschen sehen – keine Beleidigung sein, wenn wir sagen, dass die Mutterlosigkeit auf das Kind wohl einen unauslöschlichen Eindruck gemacht haben mag. Bis heute nimmt die Frau als Mutter und Hüterin des Privaten und Intimen in der Familie einen hohen Rang ein im Islam. Dass Muhammad als etwa 25 Jahre junger Mann die sehr viel ältere Kaufmannswitwe Chadidscha Bint Chuwailid heiratete, bei der er angestellt war, lässt in dieser Hinsicht tief blicken. Das Weibliche in seiner traditionell wahrgenommenen Form war offenbar von großer Anziehungskraft auf den Propheten des Islams. Bis zu ihrem Tode hielt er Chadidscha die Treue, und sie war es wohl auch, die seine anfänglichen Unsicherheiten über die Prophetenschaft kraft ihrer natürlichen Stärke und Autorität beseitigte. Sie gilt traditionell als die erste Gläubige des Islams.

Folgen wir traditionellen Auffassungen, so reiste Muhammad, den nach dem Tode seiner Mutter zunächst sein Großvater Abdalmuttalib, dann ein weiterer Verwandter, Abu Talib, aufgezogen hatte, in Angelegenheiten des Handelshauses seiner Arbeitgeberin und späteren Frau durch den Vorderen Orient, besonders nach Syrien. Auf diesen Handelsreisen muss Muhammad den Kontrast verspürt haben zwischen den Städten Syriens, wo das Christentum herrschte, und den Zuständen in seiner westarabischen Heimat. Es ist nicht leicht, sich von der Stadt Mekka, wie sie zur Zeit des Propheten war, ein richtiges Bild zu machen. Es war eine Handelsstadt, in deren Umgebung – bei dem Flecken von al-Ukaz – regelmäßig eine Art Messe stattfand, wohl ein größerer Markt, begleitet von Dichterwettbewerben und anderen, der beduinischen Tradition zugehörigen Unterhaltungen und Zerstreuungen. Die Bevölkerung Mekkas, dominiert von Stämmen und Clans, war nicht eigentlich arm, doch auch wohl nicht so reich, wie man früher geglaubt hatte. Ein Teil der Häuser der Stadt dürfte aus besseren Hütten bestanden haben. Zentriert war Mekka um die Kaaba, ein würfelförmiges Heiligtum, in dem man den heiligen Stein und die Götter des altarabischen Heidentums, der dschahilija, verehrte.

Hier sind wir bei einem Schlüsselbegriff angelangt. Was war die »dschahilija«, das heißt die Epoche vor dem Islam? Für die islamische Tradition steht natürlich der Polytheismus im Vordergrund, die Verehrung vieler Götter durch die arabischen Heiden. Ihre Abschaffung durch die Botschaft des Tauhid, das heißt durch die Verkündigung eines einzigen allmächtigen Gottes, der einer ist und so sehr einer, dass er mit sich identisch ist – A gleich A – und keinen Genossen (scharik) hat, gilt als der zentrale Paradigmenwechsel. Dem Koran und der Tradition ist zu entnehmen, dass in Mekka im Wesentlichen drei Göttinnen verehrt wurden: al-Lat, al-Uzza und Manat. Als männlicher Gott galt Hubal. Darüber hinaus gab es wohl auch die Vorstellung eines höchsten Gottes (al-ilah), die jedoch so unentwickelt war, dass sie für das altarabische Pantheon in Mekka wenig relevant war. Nach der Tradition standen im Inneren der Kaaba die »Götzenbilder«, offenbar Statuen des altarabischen Pantheons, der Vielgötterei. Von ihnen reinigte Muhammad das Heiligtum, als er 630 siegreich in seine Vaterstadt einzog. Die Vorstellung eines Jenseits und einer göttlichen »Abrechnung«, zentrale Punkte schon der frühen koranischen Botschaft, sollen ganz unbekannt gewesen zu sein, ja als unvorstellbar und spottwürdig gegolten zu haben.

Es gibt westliche Stimmen, die diesem traditionellen Bild der dschahilija radikal widersprechen. Am konsequentesten ist wohl der deutsche Islamwissenschaftler Günter Lüling, ein enfant terrible seiner Zunft, mit der These hervorgetreten, die Kaaba sei in vorislamischer Zeit eine Kirche gewesen, die »Götzenbilder« darin nichts anderes als Statuen oder Bilder christlicher Heiliger, Maria, die Gottesmutter, eingeschlossen. Arabien, zumindest Teile davon, sollen nach Lüling kurz davor gestanden haben, endgültig christlich zu werden. Der Prophet habe dies durch die Verkündigung des Islams, einer Religion aus schroff-ehrlichem, semitischem Geist, der dem Urchristentum näher gestanden habe als dem hellenisierten Christentum der Mekkaner, verhindert und so den Arabern ihre eigene Religion gegeben.

Doch dies ist eine Minderheitenmeinung. Gesichert ist, dass auf der Arabischen Halbinsel vor dem Auftreten des Propheten christliche und jüdische Tradition in Fülle vorhanden war. Im Jemen hatten jüdische Könige geherrscht, Juden gab es in der Oase Chaibar, und vor allem in der Stadt Yathrib nördlich von Mekka – dem späteren al-Medina – lebten drei jüdische Stämme zusammen mit den heidnischen Aus und Chasradsch. Über das Judentum hat Muhammad gewiss von früher Jugend an Kenntnisse gehabt. Die Prophetenbiographie des Ibn Ishaq (»Sirat Rasul Allah«) in der Redaktion des Ibn Hischam erwähnt einen Verwandten Chadidschas, der Frau des Propheten, Waraqa Ibn Naufal, der auch in der Bibel gelesen hatte und Christ geworden war. Christen im arabischen Bereich waren die Lakhmiden von Hira am Euphrat, Vasallen der sassanidischen Perser, sowie die Ghassaniden als Helfer der Byzantiner. Die dem arabischen Kulturbereich am nächsten gelegene, durchgängig christliche Stadt war Bosra in Syrien, das die islamische Tradition denn auch prompt mit dem Propheten in Verbindung bringt.

Das heutige Bosra liegt verschlafen im Süden der Republik Syrien, nahe dem Hauran oder Dschebel Druz, dem »Berg der Drusen«. Die jordanische Grenze ist nicht weit. Das Städtchen strahlt Geruhsamkeit aus, Damaskus, die quirlige Metropole und Hauptstadt des Landes mit ihren Intrigen und Vergnügungen, ist weit. Wer sich heute als Tourist dorthin verirrt, interessiert sich vielleicht für die gut erhaltenen Überreste der Römer. Zu Zeiten des Propheten war Bosra eine byzantinische Ortschaft. Die Prophetenbiographie berichtet, Muhammad habe in Bosra die Bekanntschaft eines Mannes gemacht, der bis heute von Geheimnissen umwittert ist: des Christen Bahira, eines Mönchs. Das Ereignis soll sich lange vor der Heirat des Propheten zugetragen haben. Die »Sira« berichtet, Muhammad sei zusammen mit seinem Onkel Abu Talib auf Karawanenfahrt nach Syrien gewesen, in Bosra habe der besagte Mönch ein Mahl für die arabischen Gäste hergerichtet und sich mit Muhammad unterhalten. Dann habe er an ihm das Zeichen der Prophetenschaft, das »Siegel der Propheten«, entdeckt und ihm prophezeit, er werde der Gesandte Gottes werden. Bis heute ist sich die Forschung nicht einig, wie authentisch diese Episode anzusehen ist. Die maßgebliche Propheten-Biographie, vor allem in Ibn Hischams Bearbeitung, stammt aus einer Zeit, da der Tod Muhammads beinahe zweihundert Jahre zurücklag. Handelt es sich bei dieser Erzählung also um eine phantastische Aitiologie, die den Propheten schon vor seinem Auftreten mit den Christen in Verbindung bringen soll? Andererseits ist es gewiss nicht undenkbar, dass Muhammad als Teilnehmer, später Führer von Handelskarawanen gelegentlich mit gelehrten Christen zusammengetroffen ist. In letzter Zeit hat Christoph Luxenberg, ein weiterer deutscher Semitist und Koranforscher, die These aufgestellt, in der Heimat des Propheten hätten die gebildeten Menschen Syro-Aramäisch und einen arabischen Dialekt gesprochen; das Hocharabische, wie es der Koran heute biete, sei ein nachprophetliches Konstrukt, in dessen Schöpfungsphase man das Syro-Aramäische allmählich vergessen und viele Stellen des »Urkorans« deshalb verlesen habe. So erklärten sich viele dunkle Stellen im Koran, die man jetzt neu lesen könne. Luxenberg liest sie vom Aramäischen her neu, was auch nicht unumstritten ist. Die ganze Frage ist schwierig und verlangt umfassendere Studien.

Vorstellen können wir uns in jedem Fall, dass der heranwachsende Muhammad, abgestoßen von der Lebensweise seiner mekkanischen Landsleute, nach einer spirituellen Vertiefung des Lebens suchte. Die Tradition bringt in diesem Zusammenhang das Hanifentum ins Spiel. Als Hanifen bezeichnete man Männer, die – anders als ihre Umgebung – nicht nach Reichtum und Zerstreuung oder nach blindem Lebensgenuss strebten, sondern nach Kontemplation. Der junge Muhammad scheint sich von diesen beschaulichen Geistern wie magisch angezogen gefühlt zu haben. Er wollte ihnen nacheifern, denn augenscheinlich strebten diese Männer nach einer höheren Vision des Lebens, als sie bis dahin im Schwange war. Um in der Sprache und Vorstellungswelt Broads zu bleiben: Das religiöse Genie Muhammad fühlte sich von der entweder gänzlich abwesenden oder in heidnischer Weltlichkeit praktizierten Religiosität des götzendienerischen Polytheismus seiner Landsleute offenbar zutiefst abgestoßen. Dies entsprach nicht seiner Begabung, die darin bestand, den Dingen auf den Grund zu blicken. Konnte es denn richtig sein, neugeborene Mädchen lebendig zu begraben, nur weil sie Töchter und keine Söhne waren, wie das augenscheinlich nicht unüblich war im Mekka der dschahilija? Darüber unterrichtet uns ja die Koran-Sure al-Takwir (»Die Zusammenfaltung«). Muhammad muss sich auch abgestoßen gefühlt haben von jenen Leuten, die sich im Rausch des Dattelweines danebenbenahmen. War dies eines Menschen würdig? Später sollte er feststellen, der Nachteil des Alkohols wiege schwerer als der Vorteil, eine weise Einsicht, die keinen spielverderberischen, wütenden Temperenzler zeigt, sondern einen Mann, der das Wichtige vom Unwichtigen zu scheiden vermag.

Auf dem Berge Hira unweit von Mekka pflegte er in einer Höhle, die ihn von der Welt abschloss, bald zu meditieren. Die Tradition nennt diesen Ort »Dschabal Nur«, Lichtberg, da dem jungen Grübler dort erstmals das lichthafte Wesen Gottes aufgegangen sein mag. Sein Geist durchstieß dabei die Hülle des äußeren Scheins, so dass er begann, die Erfahrungen, von denen die Hanifen berichteten, zu verstehen. Wer hatte die Welt gemacht, wenn nicht ein Gott? Verschiedene Koranverse zeugen von dem starken Gefühl, das Muhammad für die Kontingenz der geschaffenen Dinge empfand. Wer hatte das Himmelgewölbe erschaffen und die Berge fest gefügt und aufgestellt? In den Dingen selbst lag kein hinreichender Grund für ihre Existenz. Der Prophet des Islams war gewiss kein Philosoph, der einen »Kontingenzbeweis« für das Dasein Gottes erdacht hätte, doch sein Inneres beschäftigte wohl auch die Frage, warum überhaupt etwas ist und nicht vielmehr nichts. Dafür hatte er offenbar ein starkes Empfinden. So stieß jener Grübler und »Selbstdenker« auf die tiefsten Fragen des Menschen, ohne dass ihm das wohl in letzter Klarheit deutlich wurde. »Sehen sie denn nicht die Kamele, die geschaffen wurden, den Himmel, wie er emporgehoben wurde, die Berge, wie sie aufgerichtet wurden, und die Erde, die man ausgebreitet hat ...?«, fragt Sure 88, Verse 17 bis 20, voller Erstaunen. Gott ist das »Licht des Himmels und der Erde« (in etlichen Suren, besonders im berühmten »Lichtvers« des Korans), sprich des gesamten Kosmos, und dessen Meister – dies ist die vorherrschende kosmologische Vision des islamischen Propheten.

Eine jenseitige Welt war den Mekkanern nach der herrschenden Meinung nicht (mehr) vertraut, ihre Götter waren handfeste Götzen, mit denen man offenkundig sein Spiel trieb. Unter ihren Götzenbildern warf man die Lospfeile, offenbar ein uralter arabischer Ritus und Aberglaube, der das Geschick und die mit ihm verbundene zerstörerische Zeit zur Grundlage hatte. Wie bacchantisch das Leben unter den vermögenden Leuten Mekkas verlaufen sein mag, entzieht sich unserer Kenntnis. Doch muss es immerhin so abgeschmackt gewesen sein, dass es den künftigen Propheten abstieß. Die Menschen lebten, als ob es nichts Höheres gebe als das Vergnügen und das Geld. Sie lebten, als ob sie nicht oder doch schon morgen sterben müssten, ohne Furcht vor Gott und seinem Gericht. Sowohl die Juden als auch die Christen sprachen von einer Endzeit, vom Eschaton. So können wir uns den jungen Mann sehr gut vorstellen, wie er dank seiner Sensibilität und dank seiner Begabung und Empfindung für das »numinosum, tremendum und fascinosum« (Rudolf Otto) eine Gegenwelt ethischer Forderungen und religiöser Bilder entwarf. Seine Meditationen im Gefolge der Hanifen hatten ihm, ohne dass er dies genau benennen konnte, den kontingenten, flüchtigen Charakter aller Dinge, vor allem jedoch des Menschen und seines allzeit gefährdeten Daseins vor Augen geführt.

Die Überlieferung benennt nun ganz bestimmte Verse des Korans, den Anfang von Sure 96, als den Beginn der Offenbarung im Jahre 610, über deren Charakter wir naturgemäß nichts wissen können, die sich jedoch auf dem »Dschabal Nur« ereignete. Der religiöse Grübler und Rätselfreund erfuhr gewissermaßen die »Belohnung« für seine inneren Extasen. In Bildern der religiösen Sprache schildern sie, wie der Erzengel Gabriel (Dschibra'il) am Horizont erscheint und Muhammad auffordert: »Lies! Im Namen deines Herrn, der erschuf. Erschuf den Menschen aus einem sich Anklammernden (al-'alaq). Lies! Denn dein Herr ist gütig. Der durch die Schreibfeder gelehrt hat. Den Menschen gelehrt hat, was er nicht wusste ...« (Verse 1–5). Das Lesen oder auch Rezitieren setzt schon einen Schlüsselbegriff der Botschaft, denn das arabische Wort »al-qur'an«, möglicherweise ein Lehnwort aus dem aramäischen qeryana, meint eben nichts anderes als Rezitation oder Lesung. So gibt das erste Wort schon der Gesamtheit aller Offenbarungen Namen, Sinn und Inhalt. Die Botschaft, die Muhammad zuteil wird, bringt den zentralen Begriff der Schöpfung, des Schaffens und des Geschaffen-Seins. Gott hat den Menschen geschaffen »aus einem sich Anklammernden«, womit der Befruchtungsvorgang plastisch-korrekt beschrieben ist. Früher wurde das Wort »'alaq« häufig mit der Wendung »ein Klumpen Blut« oder mit dem Ausdruck »geronnenes Blut« übertragen. Zuletzt hat man auch über das Syro-Aramäische neue Lesungen versucht.

Dieser Unterschied in der Übersetzung ist bedeutsam. Wenn sie korrekt ist, zeigt sie, dass der Koran von Beginn an die Schöpfung des Lebens durch Gott untrennbar mit natürlichen Vorgängen in Verbindung bringt, in diesem Fall durch die Beschreibung der Art und Weise der Befruchtung, nicht mit unerklärbaren Wundern, so wunderbar auch im religiösen Sinne die Entstehung des Fötus selbst unter »weltlichen« Vorzeichen auch sein mag. Es erübrigt sich zu sagen, was solche semantischen Entdeckungen für eine zeitgenössische Neuinterpretation von Glaube (Offenbarung als religiöser Kundgebung) und Naturwissenschaft auch im Islam bedeuten könnten.

Die Offenbarungen oder Erscheinungen, deren Muhammad teilhaftig wurde, waren offenbar begleitet vom Gefühl einer Einengung der Brust, einer Einschnürung, die bei einer so sensiblen Natur wie dem Propheten psychologisch glaubhaft wirkt. Unerklärliche, vergleichsweise harmlose Situationen erzeugen in jedem Menschen eine Empfindung des Eingeschnürt-Werdens, der Kurzatmigkeit oder des Schneller-Atmens, der Beengung. Die Sufis, die islamischen

Mystiker, werden später bei ihren Meditationen von den Gefühlen der »Ausweitung« und »Einengung« (»bast« und »qabd«) sprechen. Man kann sich nun lebhaft vorstellen, wie eine solche »Himmelserscheinung« auf ein spirituell empfängliches Gemüt wie dasjenige Muhammads wirkte. Die oben erwähnten Koranverse hatten schon deutlich gemacht, wie der Prophet anfänglich auf diese metaphysischen Verstörungen reagierte: mit Erschrecken und Selbstzweifeln. Doch seine Anhänger richteten ihn innerlich immer wieder auf. Schließlich stellte sich bei dem Propheten wohl ein Zustand ein, der ihn an seiner Sendung nicht länger zweifeln ließ, zumal die Offenbarungen und Erscheinungen (besser sprächen wir mit Broad von Inspirationen) sich nach anfänglichem Stocken häuften. Allgemein gilt es als ausgemacht, dass jene zu Mekka geoffenbarten Suren des Korans viel stärker von religiös-ekstatischem Geist erfüllt sind als die später in al-Medina empfangenen. Der Koran vermerkt sogar, ob eine Sure jeweils in Mekka oder in al-Medina das Licht der Welt erblickte, vielmehr in deren Zwielicht hineinstrahlte. Konkrete Anlässe für die »Herabsendung« mancher Suren sprechen für das taktische Geschick des Propheten, der die Offenbarungen auch einzusetzen wusste.

Ausgehend von der Vision des einzigen Gottes und Schöpfers wandte sich der Prophet gegen Materialismus, Ungerechtigkeit, religiöse Desinteressiertheit in seiner Gesellschaft, in der er zunächst wie ein Sonderling empfunden wurde, so dass man ihn gewähren ließ. »Sonderlinge« dieser Art hat es zu allen Zeiten gegeben, und es gibt sie auch heute, wenn auch seltener in religiösen Zusammenhängen. Wie fühlt sich jemand, dem seine Überzeugung und sein Gewissen gebieten, allein oder bestenfalls umgeben von einem Dutzend Getreuen, gegen eine ganze Stadt und ihre mächtigen Clans anzutreten? Im Zweifel konnte Muhammad nur sicher sein, dass sein eigener Clan, die Banu Haschim, zu ihm halten und ihn gegebenenfalls schützen würden. Die anderen Clans unter den Quraisch hingegen würden ihn bekämpfen. So kam es auch. Es bedurfte großer innerer Stärke, schon angesichts des Spotts vieler seiner Landsleute, nicht zu resignieren, denn die Mekkaner machten sich über Vorstellungen wie einen Jüngsten Tag, an dem die »Rechnung« (al-hisab) aufgemacht würde, lustig. Doch gerade von dieser apokalyptischen, eschatologischen Vision war der Prophet wohl zutiefst durchdrungen. Gerade sie war ja das Zentrum seiner Forderung nach universaler Gerechtigkeit, die man vor Gott den Menschen verschaffen musste. Und schon oft ist bemerkt worden, wie die von dem Propheten verwendete religiöse Sprache auch Termini aus der Sphäre des Handels, der Geschäftswelt enthält. Sie war dem ehemaligen Kaufmann, einem erfolgreichen noch dazu, wohl in Fleisch und Blut übergegangen. Man sollte von muslimischer Seite aufhören, sich gegen solcherlei auch weltlich zu interpretierende Einsichten zu sperren; sie werden dem Propheten nichts von seiner Würde, der Botschaft des Islams nichts von ihrer eindringlichen Wahrheit, dem Streben nach Gerechtigkeit in der Gesellschaft, rauben.

Die Mekkaner nahmen die ganze Angelegenheit ernster, als der Prophet so viele Anhänger um sich geschart hatte, dass aus der Gemeinde eine insgesamt auffällige, gesellschaftlich nicht unwirksame Minderheit geworden war. Dass man schließlich auf ein Mordkomplott gegen Muhammad sann, erscheint glaubhaft angesichts der sich ausbreitenden Akzeptanz der koranischen Predigt. Gewiss: Schon immer sind Männer (und Frauen), die gegen den Stachel löckten, so unbeliebt gewesen, dass man sie in der Legende schweren Verfolgungen aussetzte. Doch solche Nachstellungen bis hin zur Tötung gab es auch wirklich, und im Falle Muhammads, der den materialistischen Geist, vor allem jedoch die wirtschaftlichen Interessen einer insgesamt geistig und moralisch wohl inferioren Gesellschaft durch seine Botschaft störte, erscheint die Drohung mit Ermordung durchaus glaubhaft, keinesfalls als literarischer Topos. Muhammad gelang es, sich vorher in Sicherheit zu bringen, er hatte sich vorsichtshalber mit den Bewohnern der Stadt Yathrib ins Benehmen gesetzt. Die dort lebenden Stämme waren bereit, ihn als Schlichter zu akzeptieren und sich seiner Autorität zu unterwerfen. Sein Vetter Ali soll bereit gewesen sein, sich für ihn zu opfern.

Die Übersiedlung oder Migration Muhammads nach Yathrib, das dann al-Medina, die »Stadt des Propheten«, genannt wurde, markiert im Islam die Stunde Null, die eigentliche Datierung Gottes (tarich). Man hat im Westen den arabischen Begriff »hidschra« allzu lange als »Flucht« übersetzt, als sei der Prophet gewissermaßen Hals über Kopf und in höchster Panik den Mekkanern entkommen. Dass die Situation bedrohlich war, steht außer Frage, doch die »Auswanderung« aus Mekka war eine eher geordnete Handlung als eine überstürzte Flucht. Der Prophet musste es auch als Gottesgeschenk empfinden, dass die Bewohner von al-Medina bereit waren, ihn aufzunehmen. Was aber noch erstaunlicher war, blieb die Tatsache, dass sich die Medinenser wohl von Beginn an dem Propheten unterzuordnen begannen, seinem Wort zu folgen bereit waren. Für das Seelenleben Muhammads muss dieses Erfolgserlebnis unendlich viel bedeutet haben. Es war das erste »sichtbare« Erfolgserlebnis, wenn man einmal von dem Übertritt der wenigen Mekkaner aus seinem engeren Umkreis zu seinem Glauben absieht. Zum ersten Mal nahmen Menschen außerhalb seiner Heimatstadt den Islam an.

Allerdings können wir auch davon ausgehen, dass dem Propheten die weltgeschichtliche Stunde der »islamischen« Datierung Gottes nicht wirklich bewusst wurde. Sie ergibt sich auch für den Islam natürlich aus der Nach- und Rückschau. In den ersten Jahrhunderten der islamischen Geschichte, als die Biographie des Propheten entstand, war die Neigung naturgemäß groß, die Fäden der Ereignisse und speziell dieser Biographie kausal ineinander zu verweben. Der Prophet selbst dürfte sie eher als punktuelle Ereignisse empfunden haben, denen er gleichwohl einen religiösen Sinn unterlegte. Es bleibt allerdings die Tatsache bestehen, dass mit der Organisation einer ersten islamischen Gemeinde in al-Medina erstmals eine spezifisch unter dem Zeichen des Islams stehende politische Einheit ins Leben trat – islamisch vom Glauben bis hin zur Politik und Kunst. Unter der »Feder« von Hasan Ibn Thabit (gest. etwa 659), dem Hofdichter des Propheten, wurde sogar die altarabische, bis dahin eben heidnische Beduinendichtung der dschahilija ins Islamische umgewidmet. Und trotz des geradezu revolutionären Bruches fällt auf, wie sehr sich der Prophet auch um eine gewisse Kontinuität bemühte, nicht nur in Bezug auf die Juden und Christen, deren Lehre er nach eigenem Bekunden »wiederherstellte«, sondern auch auf das alte Arabien, dessen legendäre Propheten er in die Offenbarung einbezog.

Bei seiner Übersiedlung nach al-Medina war Muhammad etwas über fünfzig Jahre alt. Er hatte noch zehn Jahre zu leben. Diese Dekade, das heißt die Zeit bis zu seinem siegreichen Einzug in Mekka, ist eine einzige Erfolgsgeschichte, trotz mancher Niederlage, wie sie der bewaffnete Prophet zum Beispiel bei Uhud hinnehmen musste. In den zehn Jahren wurde er zum Begründer und Lenker der Gemeinde in al-Medina, wehrte militärisch die Angriffe der Mekkaner ab, verlegte sich schließlich aufs Verhandeln, so dass er am Ende im Grunde friedlich als Sieger in Mekka einziehen und dort den Islam etablieren konnte. Als der Prophet des Islams im Jahre 632 nach der Abschiedswallfahrt starb, war ihm die gesamte Arabische Halbinsel untertan, und er konnte gewiss sein, dass das

Abenteuer seiner innerlichen Kommunikation mit dem Absoluten sich weiterhin in der Welt auswirken werde. Er hatte sich als Prophet und Staatsmann bewährt, der eine Ordnung schaffen wollte, in der eine durch das Religionsgesetz der Scharia vermittelte Beziehung des Menschen zu Gott, seinem Herrn, Gerechtigkeit erwirken und garantieren sollte.

Die christliche Polemik hat viele Jahrhunderte lang kein gutes Haar an diesem Mann gelassen, den sie abwechselnd der Ketzerei, der Lüge, des Betruges, der Militanz, der Ausschweifung und vieler anderer negativer Dinge bezichtigte. Wenn man sich vor Augen hält, aus welchen bescheidenen Anfängen und problematischen Umständen heraus Muhammads metaphysische Kommunikation einsetzte, und sie mit dem Triumph am Lebensende vergleicht, muss man die Zurückhaltung im Wesen Muhammads nur bewundern. Es dürfte nicht viele Menschen geben, die angesichts derartig aufwühlender Seelenerlebnisse und eines sie in der Außenwelt auf geheimnisvolle Weise bestätigenden Erfolges auf dem Boden »heiliger Nüchternheit« bleiben, wie das dem Propheten Muhammad gelungen ist. Die Rätsel seiner Seele indes, seiner Innenwelt, bleiben so zahlreich wie diejenigen aller vom Schicksal ausgezeichneten Menschen.

Im Zusammenhang mit der aktuellen Fundamentalismus-Diskussion wird heute vielerorts hervorgehoben, der Prophet des Islams sei ein zur Gewalt neigender Mensch gewesen, der auch der von ihm gestifteten Religion einen gewalttätigen Impuls mitgegeben habe. Wir werden noch zeigen, worauf diese Einschätzungen zurückzuführen sind und dass vor allem der Westen – Europa und Amerika – wenig Veranlassung hat, nach den von ihnen entfesselten Gräueln des 20. Jahrhunderts andere Kulturen einer besonderen Gewalttätigkeit zu zeihen. Dass Muhammad sich gegen Feinde verteidigen musste, ist freilich schon deutlich geworden; auch, dass dies die Gemeinde der Muslime unter seiner Führung tat. Er war tatsächlich der bewaffnete Prophet. In der Tat unterscheidet es den islamischen Propheten, dass er – anders als Jesus oder der Buddha – bereit war, für seine Sache auch im handfesten Kampf und mit »Realpolitik« einzustehen. Auch in dieser Hinsicht war der Prophet ein Kind seiner Zeit, das die Mittel seiner Zeit einsetzte. Doch wer genau hinschaut, wird erkennen, dass Muhammad immer Wege der Verhandlung der kriegerischen Auseinandersetzung vorzog. Im Koran ist durchgängig eine Tendenz zu spüren, die Übertreibung zu meiden, gerade auch im Krieg. Wenn heute islamische Fundamentalisten auf den Koran rekurrieren, um eventuelle terroristische Handlungen zu begründen und religiös zu sanktionieren, betreiben sie schon eine Auslegung pro domo, die keineswegs Allgemeingültigkeit nahe legt oder gar von den anderen Muslimen geteilt wird. Dass politische oder andere praktische Anliegen mit religiösen oder ideologischen Formeln verbrämt werden können, wie das auch der Prophet getan hat, ist nun wahrhaftig keine Spezialität des Islams, sondern leider vielen Lehren und zahlreichen politischen Führern eigen.

Dschihad – »heiliger Krieg« im Islam

Wie kriegerisch ist der Islam? Gehört der Krieg, gehört die Aggression gegen Andersdenkende und Andersgläubige zur Substanz dieser Religion? Ist die islamische Kultur insgesamt auf dem Aggressionstrieb aufgebaut? Die politischen Zeitläufe und die Terroranschläge vom 11. September 2001 haben speziell dem Thema des »heiligen Krieges« wieder Zugang zur öffentlichen Diskussion verschafft. Was hat es mit dem Waffenkult der arabischen Männer auf sich, den man allenthalben geboten bekommt? Der Islam sei eine männliche Religion, ist in Debatten darüber häufig zu hören. Kaum eine Region, sei so hochgerüstet wie der Nahe Osten, dessen Bewohner offenbar bereit seien, dafür Abstriche beim Lebensstandard zu machen. Wäre dies nicht so, würden sie ihre waffenstarrenden Regime ja doch davonjagen.

Bei diesen Fragen kommt es zu Polemiken, in denen beide Seiten, die »westliche« wie die islamische, oft keine besonders gute Figur machen, weil Halbwissen und Überliefertes einerseits, Apologetik und Propaganda andererseits den Verstehens-Horizont verstellen.

Um das Ergebnis vorwegzunehmen: Man kann zeigen, dass die Wirklichkeit – wie eigentlich fast immer – komplexer ist, als lieb gewordene Fremdsicht oder ebenso lieb gewordene Eigen- und Nabelschau es nahe legen. Zwar kennt der Islam in der Tat keinen »heiligen« Krieg, denn ein Krieg kann im Islam niemals heilig sein, doch den Krieg, auch den Angriffskrieg, kennt er sehr wohl – sehr zum Leidwesen jener Apologeten, die den arabischen Begriff »dschihad« immer verharmlosend auszulegen bereit sind. Wenn ich hier von »Islam« spreche, meine ich zunächst den historisch, das heißt in einer eigenen Geschichte sich zeigenden und gewordenen Islam. Wir werden sehen, dass es gleichwohl nützlich, ja dringend notwendig ist, zwischen der Praxis des Propheten Muhammad, zwischen den Lehren des Korans, zwischen den Kriegen in der mittlerweile fast eineinhalb Jahrtausende alten islamischen Geschichte und den modernen Ausprägungen und Aktualisierungen des Begriffes »dschihad« zu unterscheiden.

Lassen Sie mich zunächst, wie das üblich ist, auf semantische Fragen, auf die Wortbedeutung von »dschihad« eingehen. Das Arabische kennt eigentlich keine Wörter wie andere Sprachen, sondern so genannte Radikale oder Wurzelkonsonanten, in denen die Grundbedeutung niedergelegt ist. Die Konsonanten-Folge dschim, ha und dal, in Wörterbüchern meistens in der 3. Person Singular Perfekt mit »dschahada« angegeben, bedeutet »sich anstrengen«, »sich bemühen«, im dritten Verbstamm dann auch »kämpfen«, im achten Verbstamm sogar »fleißig sein«. Die davon abgeleitete Form des Infinitivs im 3. Stamm »dschihad« bedeutet also zunächst »Anstrengung, Bemühung, Kampf« für den Islam. Damit verwandt ist übrigens auch der abgeleitete Begriff im 7. Verbstamm »idschtihad«, der nun mit Krieg, kämpfen oder töten überhaupt nichts zu tun hat, sondern die freie schöpferische Interpretation und Auslegung von Koranversen oder der Tradition durch die Rechtsgelehrten und Theologen, also eine geistige Anstrengung und Bemühung meint. Man sieht, schon das »Wort« hat einen viel größeren Bedeutungsumfang als einen rein militärischen. Das eigentliche Wort für Krieg lautet arabisch »harb«, das Wort für töten »qatl« oder »qital«. Freilich, und hier muss man muslimischen Apologeten durchaus widersprechen, meint natürlich die Wendung vom »dschihad fi sabil Allah« nicht allein eine geistige Anstrengung auf dem Wege Gottes, sondern auch den Kampf mit der Waffe um Gottes willen. Dies ist kein heiliger Krieg, aber doch ein Krieg um Gottes oder der Religion willen. Daraus hat auch der Prophet Muhammad von Beginn an keinen Zweifel gelassen. Ich zitiere einige einschlägige Koranstellen: »Tötet (qatilu) auf dem Pfade Gottes jene, die euch töten wollen, doch beginnt nicht mit den Feindseligkeiten, denn Allah liebt diejenigen nicht, die über das Ziel hinausschießen (oder übertreiben). Tötet sie (uqtuluhum), wo ihr sie trefft, verjagt sie, von wo sie euch vertrieben, denn vertreiben ist schlimmer als töten. Bekämpft sie, aber nicht in der Nähe heiliger Stätte; greifen sie euch aber dort an, dann erlegt sie auch da. Dies sei das verdiente Schicksal der Ungläubigen.« (Sure 2, Verse 191/92) Oder: »Und der Krieg (Kampf) ist euch vorgeschrieben, auch wenn er euch nicht gefällt. Doch vielleicht ist es so, dass euch etwas missfällt, was euch gerade dienlich ist, und vielleicht auch, dass euch etwas lieb ist, was euch gerade schädlich sein mag.« (Sure 2, Vers 217)

Oder: »Jene aber, die glauben und ausziehen, um für die Religion Allahs zu kämpfen, die dürfen Allah Barmherzigkeit gewärtig sein, denn Allah ist versöhnlich und barmherzig.« (Sure 2, Vers 219) Muhammad brach sogar mit der Sitte, im heiligen Monat Muharram jeglichen Kampf und Krieg zu vermeiden, das heißt eine als sakrosankt geltende Waffenruhe einzuhalten. Dazu nimmt der Koran ebenfalls Stellung: »Befragen sie dich aber über Krieg (Kampf) im heiligen Monat Muharram, so antworte: Schlimm ist es, in diesem

Kämpfe zu führen, doch abzuweichen von Allahs Weg, ihn und seine heilige Moschee zu verleugnen und sein Volk aus dieser zu vertreiben, ist noch weit schlimmer. Die Verführung zum Götzendienst ist schlimmer noch als Krieg (im heiligen Monat) ...« (Sure 2, Vers 218) Eine andere Stelle, die weitaus aggressiver klingt, lautet: »Bekämpft jene Schriftbesitzer (das heißt Juden und Christen, der Autor), die nicht an Allah und den Jüngsten Tag glauben und nicht verbieten, was Allah und sein Gesandter verboten haben, und die nicht dem wahren Glauben folgen, bis sie, sich unterwerfend, den Tribut (die Kopfsteuer) entrichten.« (Sure 9, Vers 29)

Krieg und Kampf im alten Arabien

Der Stifter des Islams unterscheidet sich unter anderem dadurch von den Propheten anderer Hochreligionen, dass er nicht nur religiöser Verkünder, Gottesbote (rasul Allah), gewesen ist, sondern auch Staatsmann und – Feldherr. Dies hat dem Islam von Anfang an einen kämpferischen Charakter verliehen. Der Islam ist als Lehre insgesamt und im Kern gewiss nicht gewalttätig, sondern strebt für seine Gläubigen nach innerem und äußerem Frieden (salam, sulh), doch lehrt er nicht, wie das Christentum, die andere Wange hinzuhalten. Dies genau tat sein Prophet eben nicht. Er wurde zum Politiker und Feldherrn. Zu seinen Lebzeiten kämpfte er in verschiedenen Schlachten oder Scharmützeln, deren bekannteste diejenigen von Badr und Uhud gewesen sind, dazu im so genannten Grabenkrieg und in einigen kleineren bewaffneten Zusammenstößen mit seinen religiösen und politischen Gegnern.

Man muss freilich den kulturellen Kontext kennen, um diese »Gewaltbereitschaft« des Propheten richtig einordnen zu können. Außerdem die Verhältnisse, die dazu führten, dass der Prophet die Gewaltanwendung sanktionierte. Der Prophet des Islams, man muss das klar sagen, stammte aus einer Welt, in der Gewalt alles andere als abwesend war. Er richtete sich danach. Muhammad kam aus dem städtischen Milieu von Mekka, einer Stadt, die vom Handel zwischen Südarabien, etwa dem Jemen, und dem Mittelmeer lebte. Das heißt, man handelte mit Byzanz, dem sassanidischen Persien und den arabischen Vasallenstaaten dieser beiden Großreiche. Mekka war eine Kaufmanns-Gemeinde. Schon deshalb ist es falsch, in Muhammad dem Propheten einen »arabischen Beduinen« zu sehen und den

Islam einseitig als eine Religion der Wüste und des Nomadentums zu charakterisieren. Er ist eine städtische Erscheinung. Gleichwohl war die Arabische Halbinsel natürlich von Beduinen bewohnt, deren Stammes- und Clanstrukturen sowie Sitten, Gewohnheiten und Bräuche sich auch in den wenigen Städten erhalten hatten. In diesen Traditionen und Denkkategorien wuchs der Prophet heran. Nur von ihnen her kann man sein Handeln ausgewogen und fair beurteilen.

Unter den Wüstennomaden Arabiens waren bewaffnete Streifzüge und Scharmützel gang und gäbe. Man nannte sie »ghazwa«, Plural »ghazawat«, wovon übrigens unser europäisches Wort »Razzia« abgeleitet wurde. Diese »Razzien« waren keine wirklichen Feldzüge, sondern kurze, heftige Überfälle von wenigen Kriegern eines Stammes gegen einen anderen mit dem Ziel, so viel Beute wie möglich zu machen. Diese kriegerischen Handlungen waren oft aus der Not geboren, denn vor allem das Leben der Beduinenstämme in der Halb- und Vollwüste war jederzeit von Kargheit, ja Hunger bedroht. Oft holte man sich bei den ansässig gewordenen Beduinen der städtischen Ansiedlungen, was man zum Überleben brauchte. Mannhaftigkeit (muruwwa) und Tapferkeit (schadscha'a) gehörten zu den Grundtugenden der bewaffneten Wüstennomaden.

Der Prophet des Islams befand sich nun in Mekka im Jahre 622 n. Chr. nach mehr als zehn Jahren der Verkündigung seiner Botschaft in seiner Vaterstadt in folgender Situation: Nach anfänglichem Gewährenlassen geriet er mit seiner kleinen Gemeinde immer stärker in das Schussfeld der maßgeblichen Clanführer der Stadt, die sich seiner religiösen Botschaft schlichtweg verweigerten. In den frühen mekkanischen Suren des Korans werden die Gläubigen noch zur Geduld mit den Ungläubigen (d. h. den Mekkanern) ermahnt. Die neue Ethik Muhammads, die sehr stark auf Gerechtigkeit und gesellschaftlichen Ausgleich zielte, störte die Geschäfte der vermögenden Mekkaner am Ende so sehr, dass sie beschlossen, den Propheten auszuschalten. Es kam zu einem Mordkomplott, an dem Angehörige aller wichtigen Clans beteiligt werden sollten. Der Prophet des Islams konnte seiner Ermordung nur durch die »Hidschra« entgehen, das heißt durch die schon vorher verabredete »Auswanderung« in das weiter nördlich gelegene Medina, wo man ihn erfreut aufnahm und seine Autorität vorbehaltlos anerkannte. Auch war sein Vetter Ali der Überlieferung nach bereit, an seiner statt zu sterben.

Seit der Auswanderung eskalierte die Auseinandersetzung zwischen den Medinensern, die in ihrer Mehrheit Muslime geworden waren, und den Mekkanern zu einer politischen Auseinandersetzung, zu einem Machtkampf, der sich in den Kontext des damals bei Machtkämpfen Üblichen einfügte, das heißt, eine bewaffnete Fehde unter Stämmen einschloss. Die »Razzien« (ghazawat) waren der verbreitete Rahmen solcher Auseinandersetzung. Die in Medina offenbarten Texte des Korans tragen dem Rechnung. Sie erlauben zunächst die bewaffnete Gegenwehr gegen die Ungläubigen, schließlich machen sie den Kampf gegen sie zur Pflicht. In dieses Schema fügen sich die beiden »Schlachten«, besser vielleicht Scharmützel von Badr, wo der Prophet eine Karawane der Mekkaner angriff, und Uhud, wo den Mekkanern die Revanche gelang. Man muss sich klar machen, dass unter den »Ungläubigen« in den entsprechenden Suren des Korans zuerst und vor allem die Mekkaner zu verstehen sind.

Schon die frühislamische Geschichte zeigt also, dass Muhammad ein bewaffneter Prophet war, der nicht allein im Geistigen die Konfrontation suchte. Und auch die Vorstellung, dass der für den Glauben Gefallene besondere Verehrung als Märtyrer (schahid) verdiene, geht schon auf jene Zeit zurück, da der Prophet noch lebte. In den ersten Gefechten mit den Mekkanern verloren etliche Gefährten und auch Verwandte, wie sein Onkel Hamza, ihr Leben. Der Koran ehrt sie auf besondere Weise. Ich bringe die wichtigsten Zitate: »Aber einem jeden Gläubigen, ob er daheim bleibt oder kämpft, hat Gott das Paradies versprochen. Doch hat Gott die Kämpfenden gegenüber denen, die daheim bleiben, mit gewaltigem Lohn ausgezeichnet, mit besonderen Rangstufen, die sie im Paradies zugewiesen bekommen, sowie Vergebung und Barmherzigkeit.« (Sure 4, Vers 95) Oder: »Diejenigen, die glauben und auswandern und mit ihrem Gut und Blut für die Sache Gottes kämpfen, nehmen den höchsten Rang bei Gott ein.« (Sure 9, Vers 19) Oder: »Und diejenigen, die um der Sache Gottes gefallen sind, nie wird er ihre Werke zunichte machen.« (Sure 47, Vers 4) Oder: »Und haltet diejenigen, die im Wege Gottes getötet werden, nicht für tot. Sie sind vielmehr Lebendige, bei ihrem Herrn werden sie beschenkt.« (Sure 3, Vers 169)

Vor allem die Schiiten waren es, die nach dem Tode des Propheten eine Ideologie des Martyriums entwickelten, die auch mit der besonderen Entstehungsgeschichte ihrer Konfession zusammenhing. Ich greife vor: Im Muharram des Jahres 680 tötete das Heer des omajjadischen Thronprätendenten Yazid Bin Mu'awija bei Kerbela im Irak Husain, den jüngeren Sohn des Propheten-Vetters Ali Ibn Abi Talib, zusammen mit siebzig seiner Getreuen in einem blutigen Gemetzel.

Dieses Massen-Martyrium im Kampf gegen die – nach Auffassung der Schiiten – usurpatorischen Omajjaden von Damaskus wurde zur »Stammzelle« des schiitischen Trauer-Kollektivs mit seiner Verehrung ermordeter Imame, der Märtyrertod Husains aber stimulierte unter den Schiiten eine religiöse Todes- und Opferideologie, die heute wieder im Libanon unter der Hizbullah und vielen anderen Gruppen anzutreffen ist.

Man kann nicht genug betonen, dass all diese Verse, die ich bisher zitiert habe, natürlich aus einer Zeit stammen, da der Prophet noch lebte, so dass sie immer auf dem Hintergrund vornehmlich des Kampfes gegen die Bewohner Mekkas zu verstehen sind. Nimmt man es ganz genau, so kann niemand sagen, was sich der Prophet für die Zukunft vorgestellt hatte. Auch muss man sich klar machen, dass es zu Lebzeiten den Koran als geordnete Sammlung von heiligen Texten gar nicht gab. Die Verse, aus denen später die Suren des Korans und schließlich das gesamte Buch wurden, waren vereinzelt schriftlich niedergelegt, meistens aber in den Köpfen von Gefährten des Propheten festgehalten, die natürlich später für die Überlieferung eine wichtige Rolle spielten. Es mutet freilich ganz natürlich an, dass sich die Muslime später am Vorbild des Propheten auch in dieser Hinsicht orientierten, sprich: es als Auftrag empfanden, das Herrschaftsgebiet des Islams auch mit der Waffe zu halten, schließlich auszudehnen.

Das Zeitalter der Eroberungen

Als der Prophet im Jahre 632 starb, herrschten die Muslime nicht allein über Mekka und al-Medina, sondern über die gesamte Arabische Halbinsel. Aus der Keimzelle der Umma, der Gemeinde, war ein Herrschaftsgebiet von beträchtlicher Größe geworden, das die Araber halten mussten. Doch es geschah mehr. In der Auseinandersetzung mit dem byzantinischen und sassanidisch-persischen Grenzkämpfertum gingen die Muslime geradewegs in die Offensive über. Der Verlauf ist bekannt. Innerhalb von zwei bis drei Generationen eroberten die Muslime ein Gebiet, das vom Westen Nordafrikas bis zum Indus und nach Zentralasien reichte, ein Vordringen, dessen kapitaler militärischer Erfolg bis heute die Historiker erstaunen macht. Sie rätseln darüber, warum es bis dato geschichtslosen Wüstennomaden gelang, die Militärmaschinerien großer Reiche innerhalb weniger Jahre zu zerschlagen und einige dieser Imperien zum Einsturz zu bringen. Ein wichtiges Element dürfte tatsächlich darin gelegen haben, dass der Islam das einigende Band schuf, welches die Araber zusammenhielt und sie befeuerte. Sie setzten fort, was der Prophet von al-Medina aus begonnen hatte: die Erweitertung des islamischen Herrschaftsgebietes.

Diese kriegerischen Vorgänge, als explosive Mischung religiöser und ökonomischer Faktoren zu ungeahnter Dynamik gelangt, sind als die Epoche der großen Eroberungen, al-futuhat, in die islamische Geschichte eingegangen. Dabei stand nicht die Bekehrung der Andersgläubigen im Vordergrund, sondern die Ausdehnung des Herrschaftsbereiches nach dem Motto: »Der Islam herrscht und wird nicht beherrscht« (al-islamu hakim lam yuhkam). Die gewaltsame Bekehrung der eroberten Völker zum Islam kam schon deshalb nicht in Frage, weil die meisten von ihnen ohnehin »Leute des Buches« oder »Schriftbesitzer« (ahl al-kitab), waren, das heißt Christen oder Juden, die es nach den dafür gültigen Vorschriften als Schutzbefohlene oder »Leute des Vertrages« zu behandeln galt. Sie gehörten Religionen an, die der Prophet anerkannt hatte. Anfangs hatten die muslimischen Herrscher auch kein Interesse an einer zu hohen Anzahl von Neubekehrten (mawali), weil dies den Verlust von Steuereinnahmen bedeutete. Die Nicht-Muslime mussten nämlich die dschizja entrichten, eine Kopfsteuer, die entfiel, wenn ein Jude oder Christ zum Islam übertrat. So ging dem Staat Geld verloren. Es ist also ganz richtig, wenn sich die Muslime gegen die Behauptung zur Wehr setzen, der Islam sei »mit Feuer und Schwert« verbreitet worden. In Ägypten etwa lag der Anteil der Christen im Zeitalter der frühen Fatimiden, das heißt drei Jahrhunderte nach der Eroberung durch den Islam, noch höher als ein Drittel. Dies spricht nicht für eine stramme Bekehrungsstrategie. Doch die Verbreitung der islamischen Suprematie war natürlich mit Gewalt vonstatten gegangen. Insofern ist das islamische Weltreich ein Ergebnis des Dschihad, des religiös motivierten Krieges.

Dschihad im islamischen Recht

Die Epoche der großen Eroberungen war auch jene Zeit, in welcher das islamische Gesetz, die Scharia, erste Gestalt annahm und schließlich ausgeformt wurde. Dies nahm etwa zwei bis drei Jahrhunderte in Anspruch, doch kann man davon ausgehen, dass auch noch später wichtige Teile dieses Sakralrechtes diskutiert worden sind. Quellen sind der Koran und das Hadith, das heißt jene umfangreichen Sammlungen von Aussprüchen und Überlieferungen des Propheten, die als Quelle gleichen Rang wie der Koran erhalten haben. In jener Zeit wird auch die Doktrin vom Dschihad oder religiös motivierten Kampf ausgestaltet. Maßgebende Autoren sind Abdal Rahman al-Auza'i (gest. 774) und Muhammad Ibn Hasan al-Schaibani (gest. 804). Auf ihren Arbeiten fußend entwickelt der Islam ein Kriegsrecht, das für die folgenden Jahrhunderte gültig wird und das Handeln der islamischen Herrscher weitgehend bestimmt. Darin enthalten sind durchaus Bestimmungen, die eine »Einhegung« des Krieges beabsichtigen. Das gilt für den Schutz von unbeteiligten Zivilisten ebenso wie für die Tendenz, den Krieg in dem Augenblick zu stoppen, in dem der Feind seinerseits vom Kampf ablässt.

Grundlegend werden zwei Vorstellungen. Einmal teilen die Theoretiker des Dschihad die Welt in zwei Sphären, die in dieser expliziten Ausformung im Koran noch nicht vorkommen: in den dar al-harb und den dar al-islam, das heißt das »Haus« des Krieges und das »Haus« des Islams. Letzteres ist jener Bereich, in dem der Islam schon herrscht, ersteres ist das Gebiet, in dem der Islam noch nicht dominiert. Diese schroffe Zwei-Welten-Theorie führt gewissermaßen zu einer permanenten Auseinandersetzung zwischen Muslimen und Nicht-Muslimen. Der Herrscher ist verpflichtet, den Herrschaftsbereich des Islams ständig zu erweitern. Das islamische Kriegsrecht kennt in jener Zeit – und dies ist die zweite wichtige Vorstellung – streng genommen auch gar keinen Friedensschluss, sondern nur den Waffenstillstand.

Betrachtet man einmal den Verlauf islamischer Kriege – am deutlichsten die Jahrhunderte lange Auseinandersetzung zwischen den türkischen Osmanen und den Habsburgern –, so kann man feststellen, dass lange Zeit immer nur Waffenstillstände zwischen beiden Parteien geschlossen wurden. Diese befristeten Waffenruhen erneuerte man alle zehn Jahre durch die so genannten »Großbotschaften«, bei denen sich hochrangige Delegationen beider Reiche an der jeweiligen Grenze oder Demarkationslinie trafen, um den jeweils letzten Waffenstillstand zu bekräftigen. Frieden schlossen die Osmanen erst, als ihre Niederlagen so verheerend und ihr Reich so schwach geworden war, dass sie nicht umhin konnten, dies zu tun. Ansonsten gehörte der Dschihad zu den Obliegenheiten eines jeden Herrschers.

Die klassische Doktrin des Dschihad war demnach durchaus expansiv ausgerichtet und beschränkte sich keineswegs nur auf den Verteidigungskrieg. Sie war religiöse Pflicht (fard al-kifaja) für die Umma, die Gemeinde. Dies galt so sehr, dass die Verpflichtung zum Dschihad kurz davor stand, der sechste Pfeiler des Islams (rukn) zu werden. Unter den sonst üblichen fünf Pfeilern des Islams (arkan al-islam), das heißt: Bekenntnis zum Monotheismus, Gemeinschaftsgebet, Fasten im Ramadan, Zahlen der Almosensteuer und dem Wallfahren nach Mekka und al-Medina, wurde der Krieg um des Islams willen zu einer festen Einrichtung. Sie galt natürlich umso mehr, wenn der Islam angegriffen wurde, was in seiner Frühzeit durch die Byzantiner, später durch christliche Kreuzfahrer, dann die christlichen Nationen, aber auch durch die Mongolen und andere häufig genug geschah. In diesen Fällen hatte der Dschihad natürlich einen eindeutig defensiven Charakter.

Auch wurden der Islam und die Doktrin vom Dschihad ein Opfer der Fitna, der Spaltung des Islams in verschiedene Sekten, besonders natürlich der Spaltung in Sunniten und Schiiten. Am deutlichsten wurde dies in den zahllosen kriegerischen Auseinandersetzungen zwischen den türkischen Osmanen und den persischen Safawiden, deren Dynastie ethnisch freilich ebenfalls türkischer Herkunft war.

In historischen Dimensionen können die Türken, vor allem die Seldschuken und Osmanen, als Retter, später Vormacht der sunnitischen Orthodoxie angesehen werden. Der Sunnismus, repräsentiert durch das Kalifat der Abbasiden von Bagdad, wurde durch schiitische Häretiker lange Zeit fast tödlich bedroht. Er wäre deren Druck und Propaganda vielleicht bald zum Opfer gefallen, wenn nicht die frisch zum Sunnismus bekehrten kriegerischen Turkstämme Mittelasiens sich den Orient botmäßig gemacht und die schiitischen Häretiker weitgehend vertrieben hätten. Zwar fiel das Kalifat schließlich im Jahre 1258 den Mongolen zum Opfer, doch auch diese wurden von türkischen Kämpfern, den Mamluken, in ihre Schranken gewiesen und schließlich vom Islam assimiliert.

Die Kriege aber zwischen Osmanen und den schiitischen Safawiden, die hauptsächlich im Irak und in der Region des Transkaukasus stattfanden, können aus der jeweiligen Sicht der Beteiligten durchaus als Dschihad angesehen werden, und sie wurden auch so betrachtet. Osmanen und Safawiden, Sunniten und Schiiten, sahen sich als Todfeinde, ihre jeweiligen Geländegewinne galten als

Rückeroberungen für den »rechten Glauben«, der bei den Safawiden eben durch das Schiitentum, bei den Osmanen durch den Sunnismus repräsentiert wurde. Es galt, wenn möglich, diese »Ketzer« oder »Usurpatoren«, je nach Ideologie, von der Macht zu vertreiben oder gar zu stürzen. Natürlich boten Grenzscharmützel immer wieder Anlass, dies gegebenenfalls auch als Verteidigung darzustellen.

So bietet sich insgesamt ein zwiespältiges Bild. Das Vordringen der Almoraviden und später der Almohaden auf spanischen Boden kann gewiss als Dschihad im defensiven Sinne verstanden werden, das heißt als Verteidigung des »dar al-islam« gegen die aus dem Norden immer mächtiger vordringende christliche Reconquista; die Eroberungszüge der Osmanen auf dem Balkan hingegen tragen eindeutig expansive Züge. Deren Sultane machten auch gar kein Hehl aus ihrer Auffassung, dass es ihre Pflicht sei, zunächst die alte Kaiserstadt Byzanz/Konstantinopel und danach den »Goldenen Apfel« (kizil elma) für den Islam zu erobern. Darunter verstand man Wien, die Hauptstadt des Habsburgerreiches. Unter Sultan Mehmet Fatih (herrschte von 1451 bis 1481) landeten osmanische Truppen sogar in Süditalien mit der Maßgabe, herauszufinden, wie aufwendig eine Eroberung Roms wäre, des Zentrums der Christenheit.

Es wäre interessant, die vielen Kriege einmal durchzugehen, die von islamischen Machthabern nach den Bestimmungen der Scharia geführt wurden, und ihren besonderen Charakter herauszuarbeiten. Ich wage die Prophezeiung, dass in den meisten Fällen eine gewisse Undurchschaubarkeit, ja Doppelgesichtigkeit zutage treten würde, die vielleicht niemanden wirklich überraschte. So war etwa der Dschihad, den der Awarenfürst Schamil dreißig Jahre lang zwischen 1829 und 1859 gegen die russisch-zaristischen Invasoren im Kaukasus führte, ohne Zweifel ein Verteidigungskrieg der kaukasischen Völker, damit des Islams, gegen Aggressoren von außen; gleichwohl nutzte Schamil die zwischenzeitliche Entfaltung seiner Macht auch dazu, um etwa die letzten Dörfer (Auls) der Tschetschenen oder Inguschen zum Islam zu bekehren, vor allem zu seiner Form des muridischen Islams. Dieser historische Dschihad legt natürlich Vergleiche mit der gegenwärtigen Situation in Tschetschenien nahe. Oder nehmen Sie die Kriege des berühmten Mahdis im Sudan, Mohammed Ahmed, und seines Nachfolgers, des Kalifen Abdullahi. Sie richteten sich zunächst gegen das Vordringen der Ägypter und Türken, also gegen Muslime, von Norden in den Sudan, dann erst gegen die Briten, die von Ägypten aus versuchten, das vom sudanesischen Mahdi errichtete Reich zum Einsturz zu bringen. Doch machte Mohammed Ahmed unmissverständlich klar, dass er eines Tages, nach seinem Sieg, in den Moscheen von Damaskus und Istanbul beten wolle – als Triumphator über die gesamten muslimischen Herrscher, die er als »Ungläubige« ansah. Der seit dreißig Jahren tobende jüngste Bürgerkrieg im Sudan, der Kampf des muslimischen Nordens gegen den Süden, wurde von den entschiedensten seiner Betreiber natürlich als ein Dschihad angesehen.

Mit dem Machtverfall, mit dem Zurückbleiben des Islams gegenüber dem Westen verfiel auch die Dschihad-Idee, sie wurde zumindest schwächer. Im Osmanischen Reich genügte es, wenn der Herrscher alljährlich gewisse Anstalten zum Dschihad traf, in der Sache aber nichts mehr tat. Seit dem ausgehenden 17. Jahrhundert führten die türkischen Sultane auch nicht mehr persönlich ihre Heere an, sondern überließen das dem Großwesir, später einem militärischen Befehlshaber. Im 19. Jahrhundert fand die Idee des Nationalismus und des Nationalstaates aus westlichen Quellen Eingang in die Zirkel der Intellektuellen, deren Bindung an die Religion, auch an den Begriff der allumfassenden Umma, allmählich schwächer wurde. Das konnten Ideologien wie der Panislamismus zwar aufhalten, letztlich aber nicht verhindern. Überall im Osmanischen Reich entstanden Nationalbewegungen, die nur noch – wenn überhaupt – lose Bindungen an den Sultan und Kalifen der Türken hatten.

So nimmt es auch nicht wunder, dass der Aufruf zum Dschihad gegen die Engländer und Franzosen, den der türkische Sultan Mehmet V. Reschad zu Beginn des Ersten Weltkrieges erließ, auf wenig Resonanz unter den Gläubigen stieß. Am meisten Nachhall fand er noch unter den Muslimen des Indischen Subkontinents, die sich mehr und mehr – wie auch die Hindus – gegen die britische Kolonialherrschaft wandten. Doch andere Muslime, etwa die Araber unter Führung der Haschemiten von Mekka, konspirierten und kooperierten sogar mit den Engländern gegen den Sultan und die Türken, obgleich diese Muslime waren. Einen Höhepunkt erreichte diese Zusammenarbeit in dem berühmten »Aufstand in der Wüste«, der von Oberst Lawrence und Fürst Faisal angeführt wurde. Im Laufe des 20. Jahrhunderts sah es lange Zeit so aus, als komme einem Terminus wie »dschihad«, verstanden eben als Krieg um des Islams willen, nur noch eine historische Bedeutung zu. Reformtheologen wie Muhammad Abduh (gest. 1905) oder sein bekanntester Schüler Raschid Rida (gest. 1935) hatten dafür votiert, den Dschihad generell nur noch als Gebrauch militärischer Gewalt zur Verteidigung gegen Invasion und Unterdrückung zuzulassen. Der normale Zustand zwischen dem Islam und der Welt der Nicht-Muslime sei »friedliche Koexistenz«.

Die anderen Formen des Dschihad

Entsprechend der sprachlichen Definition, die am Anfang dieser Ausführungen stand und durchaus schon eine Vieldeutigkeit des Begriffes »dschihad« anzeigte, möchte ich kurz auf jene anderen Formen von Dschihad eingehen, die nun einmal zu diesem schillernden Terminus gehören und heutzutage besonders oft in apologetischer Absicht vorgebracht werden.

Tatsächlich unterscheidet die islamische Tradition seit alters her zwischen dem »kleinen Dschihad« und dem »großen Dschihad«. Ersterer meint die Anstrengung der Waffen – er wird bisweilen auch »Dschihad des Schwertes« genannt –, Letzterer die Bemühung für den Islam allein mit friedlichen Mitteln. Dafür gibt es auch Begriffe wie »Dschihad der Zunge« oder »Dschihad der Feder«. Dabei handelt es sich um geistige Anstrengungen und Strategien zur Festigung des Glaubens, die natürlich zahlreiche Facetten haben können. Das Grundprinzip der islamischen Ethik (achlaq) wird gerne in der Formel »Zum Guten ermahnen und das Schlechte abwehren« zusammengefasst. Dieser innere Dschihad ist der Weg der Moral, der Stärkung und Festigung eines moralischen Lebenswandels, wie ihn der Koran und die Sunna den Muslimen vorschreiben. Diese Art von Kampf gegen die Sündhaftigkeit und Verführbarkeit, gegen die niederen Triebe und Lüste kann jeder Gläubige individuell führen, aber auch in der Gruppe, wie das zum Beispiel die überall in der islamischen Welt verbreiteten Sufi-Bruderschaften tun. Dieser innere Kampf soll den Charakter festigen und die moralischen Eigenschaften und Tugenden (fada'il) stärken.

Unter den Mystikern, deren Vorstellungen einer geistigen Vervollkommnung auf der frühislamischen Asketen-Bewegung von Hasan al-Basri, ja nach ihrem eigenen Verständnis sogar auf der Praxis des Propheten selbst gründen, zielt der innere Kampf und geistige Dschihad auf die Überwindung und Zähmung der menschlichen Triebseele (nafs), die es jederzeit zu beherrschen gilt. Wie der Reiter das Pferd, so muss der Gläubige die Triebseele beherrschen, lenken und führen – nicht umgekehrt. Der berühmte Mystiker al-Husain Ibn Mansur al-Halladsch lief immer in Begleitung eines schwarzen Hundes – der Hund gilt im Islam als unrein – über die Basare; er sollte ihn an seine dunkle Triebseele erinnern.

Es versteht sich, dass man das Prinzip des großen Dschihad fast unbegrenzt ausdehnen kann. So können auch massive politische Anstrengungen der islamischen Welt, etwa in der Auseinandersetzung mit Israel, als großer Dschihad aufgefasst werden. Oder ein Land unternimmt enorme ökonomische Anstrengungen, um bestimmte wirtschaftliche Ziele zu erreichen. Auch der Kampf gegen die gesellschaftliche Seuche des Drogenkonsums kann als Dschihad dargestellt werden. In diesem Fall bekommen der Begriff »dschihad« und seine Verwendung eine gewisse Ähnlichkeit mit westlichen Floskeln wie »Kreuzzug gegen die Korruption«, wie man sie vor allem in Amerika gerne verwendet. In der Islamischen Republik Iran entstand nach der Revolution unter Ajatollah Chomeini eine Organisation mit dem Namen »Dschehad-e sazandegi«, was man am besten übersetzen könnte mit: Umfassende, religiös gespeiste Anstrengung zum Aufbau des Landes. Das ist wohl die weiteste Definition von »Dschihad«, die sich denken lässt.

Wiedergeburt des Dschihad als Krieg

Im Zusammenhang mit dem islamistischen Diskurs, dessen Beginn viele auf das Jahr 1967 datieren, ist es nun ganz entschieden zu einer Renaissance des allein kriegerischen Dschihad-Verständnisses gekommen. Diese Entwicklung bestimmt die gegenwärtige Diskussion, die neuerlich um den »heiligen Krieg«, vor allem auch um das Gewaltmittel des Terrorismus, entbrannt ist. Und die Reaktion des Westens darauf beruht, was die Kategorien der Einordnung anbelangt, zu großen Teilen auf seinem eigenen Erbe religiöser Kriege in Form der Kreuzzüge. Der Westen hat den Dschihad im Grunde immer nach dem Muster der Kreuzzüge interpretiert. Und auch die Islamisten, sofern sie militant sind, nehmen heute umgekehrt die westlichen Mächte als die »neuen Kreuzzügler« wahr.

Der Islam ist eine Weltreligion von großer gesellschaftlicher Relevanz, der es um die Umgestaltung der Gesellschaft nach Maßstäben der koranischen Gerechtigkeit geht. Der Islamismus hingegen ist eine auf ihr beruhende Politisierung und Ideologisierung, eine Vereinseitigung, welche die Religion zur politischen Waffe macht, und zwar im Kampf gegen das neue »Heidentum« (dschahilija) im Islam selbst und auch gegen den Westen. Das hat zur Wiederbelebung des Krieges »um der Religion willen« geführt.

Ausgangspunkt dafür scheint eine theologische Arbeit zu sein, die im Jahre 1970 an der Kairoer Al Azhar-Universität entstanden ist. Ihr Verfasser ist jener Scheich Umar Abdal Rahman, der in Ägypten die Extremistengruppe »Islamischer Dschihad« gründete und hinter der Ermordung des ägyptischen Präsidenten Anwar al-Sadat stand. Der Scheich verbüßt gegenwärtig eine Haftstrafe in Amerika, weil ihn ein Gericht für schuldig befand, Drahtzieher des ersten Anschlages auf das World Trade Center in New York im Jahre 1993 gewesen zu sein. Er kann als einer der radikalsten Islamisten unserer Zeit gelten und ist einer der geistigen Väter jener militanten Gruppen, die man im Zusammenhang mit der Afghanistan-Krise als Dschihadisten bezeichnet hat.

Was lehrt Scheich Abdal Rahman? Er radikalisiert den Begriff »Dschihad« im Sinne seiner islamistischen Anschauungen und will nachholen, was die Tradition in seinen Augen offenkundig versäumt hat: den Dschihad endgültig zum sechsten Pfeiler des Islams zu machen. Er lehnt in dem 2000 Seiten starken Werk alle früheren Interpretationen von »dschihad« ab, insbesondere die Unterteilung in den kleinen und großen Dschihad. Das seien spätere Erfindungen, die man sich in apologetischer Absicht ausgedacht habe, um Einwürfen der Gegner des Islams, vor allem der westlichen Kolonialmächte, zu begegnen. Der Prophet habe so etwas niemals gesagt. Der authentische Dschihad bedeute nur eines: zur Waffe zu greifen und die Ungläubigen aufzufordern, den Glauben anzunehmen oder aber sich zu ergeben und sich der Herrschaft des Islams unterzuordnen. Die Arbeit gipfelt in der Behauptung, der Islam habe sich in seiner Geschichte immer nur durch die Gewalt der Waffen durchgesetzt, das werde und müsse auch in Zukunft wieder so sein. Diese These ist eindeutig falsch, denn zahlreiche Regionen, deren Bevölkerungen sich heute zum Islam bekennen, sind auf gänzlich friedliche Weise Muslime geworden: durch Seefahrer, Händler oder Sufis, die predigend durch die Lande reisten.

Scheich Abdal Rahman fand zunächst in Ägypten begeisterte Anhänger für seine Radikalisierung des Dschihad-Begriffs. Die Mörder Sadats folgten ihm in seiner Auffassung. Überhaupt wurde Ägypten zunächst das Zentrum dieser Bewegung und brachte militante Gruppen wie die Dschamaat al-islamija (»Islamische Gemeinschaften«) oder Takfir wa Higra (»Für ungläubig erklären und auswandern«) hervor. Über Abdullah al-Azzam, einen palästinensischen Islamisten, gelangte die Ideologie des »Dschihadismus« in den achtziger und neunziger Jahren zu vielen Gruppen, die bereit waren loszuschlagen. Die bekanntesten von ihnen wurden die Taliban in Afghanistan, vor allem jedoch die so genannten »arabischen Afghanen«, deren Kämpfer man freilich auch in Tschetschenien, Bosnien und sogar Algerien als Mitglieder der GIA, der Bewaffneten islamischen Gruppen, antraf. Sie bildeten auch den Kern jener Organisation al-Qaida (Basis), die im Zusammenhang mit den Anschlägen des 11. Septembers in das Fadenkreuz geriet. »Ungläubig« und damit zu bekämpfen sind nach Auffassung der zeitgenössischen Dschihadisten nicht allein die eigenen unislamischen Regime, sondern auch der Rest der Welt, die »gottlosen Amerikaner« oder der »materialistische Westen«, zuvor waren es die »gottlosen Kommunisten« (schurawi) gewesen. Endziel ist deren Unterwerfung unter den Islam. Die Mehrheit der Rechtsgelehrten ist auch heute nicht bereit, solche aggressiven Auslegungen zu unterstützten. Denn das islamische Recht legt durchaus Wert darauf, dass der Kampf auf dem Wege Gottes nicht ausartet. »Wahrlich, Allah liebt jene nicht, die übertreiben«, wie es in Sure 2 und an anderen Stellen des Korans heißt. Die Scharia enthält insgesamt ganz augenscheinlich eine Tendenz, jederzeit den Frieden dem Krieg vorzuziehen, die freilich von den Dschihadisten mit Missachtung gestraft wird.

Die aktuellen politischen Krisen in der Region und die Heraufkunft eines zur Militanz neigenden politisierten Islams – zwei Entwicklungen, die durchaus miteinander kausal verflochten sind – haben in den vergangenen Jahrzehnten ohne Zweifel zu einer Wiederbelebung kriegerischer Dschihad-Interpretationen bis hin zu einer populär gewordenen Märtyrer-Ideologie geführt, die manchem schon beinahe verschwunden zu sein schien. Eine nicht zu unterschätzende Rolle dabei spielte auch die von Schiiten getragene islamische Revolution in Iran 1979, deren vorherrschende geistige Befindlichkeit das Martyrium und die ständig wiederkehrende Trauer um die Märtyrer ist. Besonders die lange Zeit marginalisierte schiitische Minderheit im Libanon erlebte eine ungeahnte Emanzipation, in deren Verlauf sie stark kämpferische Züge entwickelte. Als radikalste dieser schiitischen Organisationen dort erwies sich die Hizbullah (Partei Gottes), nicht zuletzt sie war es, die jene dem Schiismus ohnehin immanente Tendenz zum Martyrium zusätzlich dynamisierte und das Selbstmord-Attentat wieder zum Kampfmittel entwickelte und einsetzte, im Libanon wie gegen Israel. Diese Selbstmord-Attentate werden seit einiger Zeit vor allem von palästinensischen Organisationen wie Hamas und islamischer Dschihad, die nicht schiitisch, sondern sunnitisch sind, praktiziert.

Ihre theologische Rechtfertigung ist umstritten. An sich verbietet die islamische Ethik die Tötung unschuldiger Menschen, und sie verbietet auch die Selbsttötung, den Selbstmord. In diesem Sinn hat sich auch der Scheich von al-Azhar zu Kairo, dessen Rechtsgutachten eine gewisse, wenn auch informelle Gültigkeit zukommt, geäußert. Allerdings gilt dieser Scheich Tantawi als »Liberaler«, viele Islamisten dürften in ihm schlicht einen »Verräter« sehen, der den milde Gestimmten unter den Muslimen und dem Westen nach dem Munde redet. Zudem fand Scheich Tantawi auch wieder sich selbst relativierende Worte, als er auf die verzweifelte politische Lage der Palästinenser in ihrem Land zurückkam.

Die jüngste Renaissance des Selbstmord-Attentats in der islamischen Welt, bei dem der Täter nicht davonkommt oder von vornherein abgesichert ist, erinnert, wie in Anlehnung an Bernard Lewis festgestellt worden ist, an jene in manchem noch immer rätselhaften, dem Tod geweihten politischen Attentäter, die in der »mittelalterlichen« Geschichte des Islams, das heißt vom 11. bis 13. Jahrhundert, unter dem Namen »Assassinen« (arabisch: al-haschaschijun) bekannt wurden. Diese Meuchelmörder waren Anhänger schiitischer Extremisten oder »Übertreiber« (ghulat), die sich zu den unorthodoxesten Lehren der so genannten Siebener-Schia, des Ismailitentums, bekannten und in dem sunnitisch-orthodoxen Kalifat der Abbasiden von Bagdad ihren Todfeind erblickten. Dieses wollten sie stürzen. Im Unterschied zu den ebenfalls ismailitischen Fatimiden beschränkten sie sich jedoch nicht auf religiös-politische Propaganda gegen Bagdad, sondern schritten zur Propaganda der Tat. Gelenkt von ihrem Imam, der in den arabischen und westlich-lateinischen Quellen als der »Alte vom Berge« (scheich al-dschabal) Erwähnung findet, ermordeten sie gezielt hohe und höchste Repräsentanten der kalifischen Ordnung, was ihren eigenen Tod zur Folge hatte, meistens noch an Ort und Stelle des Anschlages. Sie töteten nicht aus sicherer Entfernung, sondern mit dem Dolch, was den unmittelbaren Kontakt mit ihrem Opfer erforderte, und unternahmen auch nach der Tat keinen Fluchtversuch. Man nannte sie »fida'i«, die Opferbereiten, wie sich auch heute die palästinensischen Attentäter oft als »feda'ijun« anreden lassen. Zentren dieser Häretiker innerhalb einer islamischen Häresie, wie Lewis sie nennt, waren Syrien, der Libanon und Iran. Lewis weist außerdem auf zweierlei hin: Die Tradition des religiösen Mordes, wie sie von den Assassinen begründet wurde, sei für den Islam insgesamt alles andere als repräsentativ. Zwar wird von ihren Verfechtern heute gerne von »dschihad« gesprochen, doch fügt sich dieser politische Terror nicht in die Doktrinen des klassischen Dschihad ein, die zum Beispiel den Schutz und die Unantastbarkeit von Nicht-Kombattanten vorsehen. Zudem stellt Lewis mit Recht fest, dass die ismailitische Propaganda der Tat schon zu einer Zeit kläglich scheiterte, da die Sekte noch existierte, so dass ihre späteren Führer dazu übergingen, auf die Selbstmordanschläge ganz zu verzichten.

Als Fazit lässt sich feststellen: Auch der Islam hat eine Theorie des gerechten Krieges zu entwickeln versucht, die defensive, aber vor allem später auch aggressive Elemente enthält. Dies gilt jedenfalls für das islamische Recht. Ob der Prophet selbst über den Kampf gegen seine innerarabischen Gegner, die Mekkaner und ihre arabischen Verbündeten, hinaus eine auch generelle militärische Ausweitung des islamischen Herrschaftsgebietes in die Länder der Schriftbesitzer hinein wollte, ist umstritten. Manches, wie seine Botschaften an die Herrscher in der Nachbarschaft, in denen er sie zum Übertritt aufforderte, spricht dafür, dass es so ist. Dies alles mag auch davon abhängen, wie koranische Begriffe wie etwa »Ungläubige« (kuffar, kafirun) definiert werden. Sind damit nur die noch nicht zum Islam übergetretenen Mekkaner oder Araber gemeint oder sämtliche Polytheisten auf der Erde? Wie steht es mit den Schriftbesitzern, das heißt Juden und Christen, die im strengen Sinne keine »Ungläubigen« sind und sich gerade dadurch von den Polytheisten abheben? Der Prophet hatte andererseits keinerlei Skrupel, drei jüdische Stämme schwer zu bestrafen, als sie sich, wie etwa die Banu Quraiza im Grabenkrieg, wie die Überlieferung berichtet, als unzuverlässig erwiesen hatten, und auch die Juden von Khaibar mit militärischen Mitteln in die Schranken zu weisen. Der Stamm der Banu Quraiza wurde physisch ausgelöscht. Auch duldete oder billigte der Prophet Meuchelmorde an religiös-politischen Gegnern. Er ließ Gewalt in einer gewalttätigen Zeit verüben.

Insgesamt, das gilt es festzuhalten, wird dem Krieg aber weitaus weniger Raum im Koran gewidmet als dem Frieden, der göttlichen Barmherzigkeit oder der Gerechtigkeit unter den Menschen. Letztere scheint überhaupt das Hauptanliegen des Propheten gewesen zu sein. Diskussionen über »Dschihad« und »Kreuzzug« sind, wie unsere Tage zeigen, auch Ausdruck einer selektiven Wahrnehmung voneinander, die besonders in politisch kritischen Zeiten um sich greift und die Gemüter erregt. Sie zwingen uns aber auch dazu, darüber nachzudenken, inwieweit Religionen, die christliche eingeschlossen, nicht einen Hang zur Gewalt in sich tragen, der mit ihrem Absolutheitsanspruch und ihrem Monopol auf das Heil zusammenhängt. Dass Religionen, unbefragt, eigentlich harmlos sind, können nur jene glauben, denen sie weitgehend abhanden gekommen ist, die in ihr so etwas sehen wie ein kulturelles Erbe, das seine prägende Kraft längst in anderen Kategorien des Denkens und Handelns entfaltet.

Die Stellung der Frau im Islam

Das Thema »Frau und Islam« gehört zu den heikelsten und sensibelsten, die im Zusammenhang mit unserer Nachbarreligion und Kultur überhaupt behandelt werden können. Bemerkungen darüber, zumal von Nicht-Muslimen, setzen sich auf der Seite der Muslime rasch dem Verdacht böswilliger Verleumdung aus, des Vorurteils und teilweise noch schlimmerer Verbiegungen und Verfälschungen, die noch aus Zeiten stammten, da das Wissen über den jeweils anderen mit dem Quadrat der geographischen Entfernung zuzunehmen schien. Diese Zeiten sind heute vorbei, denn Millionen Muslime leben mitten unter uns, und auch ihre Länder sind im Zeitalter des Massentourismus den Europäern nahegerückt. Der äußerliche Augenschein an Ort und Stelle vermittelt ein Bild von der Frau im Islam, das durch entsprechende, meistens einer negativen Aktualität verpflichtete Berichte der Medien in einer ganz bestimmten Weise geprägt und ergänzt wird.

Dennoch muss man kein Anhänger feministischer Ideologien sein, um zu erkennen, dass die Stellung der Frau in der islamischen Welt auf weite Strecken eine benachteiligte, unterdrückte, vieler Rechte beraubte ist. So sehen das auch die Vereinten Nationen in ihren regelmäßig veröffentlichten Berichten und internationale Menschenrechtsorganisationen, die sich andererseits durchaus bemühen, spezielle kulturelle Kontexte in ihren Urteilen zu berücksichtigen, um nicht von vornherein verzerrender Einseitigkeit geziehen zu werden. Tatsächlich ist die Frage des Maßstabs entscheidend, denn zumindest Teile der muslimischen Welt erkennen die in der Charta der Vereinten Nationen niedergelegten Bestimmung in der vorliegenden Form nicht (oder nicht mehr) an. Sie gelten als westliche Normen, die man dem Islam »überstülpen« wolle. Hier fällt dann das Wort vom westlichen Kulturimperialismus. Polemik und Gegenpolemik haben über lange Zeit hinweg eine Diskussion unmöglich gemacht oder das Klima vergiftet, den Anklagen aus dem Westen oder von Menschenrechtsorganisationen steht andererseits eine muslimische Apologetik gegenüber, die mehr und mehr dazu neigt, den westlichen Idealen der Gleichberechtigung von Mann und Frau all jene Entartungserscheinungen westlicher Gesellschaften entgegenzuhalten, die gerade von vielen außerwestlichen Kulturen als ihren inneren Zusammenhang gefährdend angesehen werden. Das

Kollektiv, die Gemeinschaft, genießt dort traditionell Vorrang vor den Rechten des Einzelnen, die sich gemeinhin den überkommenen Vorstellungen zu fügen haben. So ist es auch im Islam, und zwar keineswegs nur in fundamentalistischen, islamistischen Kreisen, sondern bis hinein in das traditionelle Milieu der Normalbürger und kleinen Leute.

Der Westen seinerseits antwortet darauf wieder mit dem Argument, dies seien Ausflüchte und Ablenkungsmanöver, mit denen man die eigene Reformunfähigkeit bemänteln wolle, die Entartungen im Westen seien kein hinreichender Grund, eine als richtig erkannte Gleichberechtigung wieder zu hintertreiben. Nicht das Prinzip der Gleichberechtigung der Geschlechter, sondern menschliche Schwächen seien es, welche die Zerfallserscheinungen westlicher Gesellschaften – so es diese geben sollte – bewirke.

Doch wie und was denken die Frauen im Islam selbst darüber? Es mag viele überraschen, aber Emanzipationsbestrebungen sind schon relativ alt in der islamischen Welt. Wenn heute Frauen wie die Marokkanerin Fatema Mernissi, die Algerierin Assja Djebar, die Ägypterin Naawal al Sadawi oder gar die Bengalin Taslima Nasrin im Sinne von Emanzipation, ja auf der Grundlage des Feminismus agieren, können sie auf Vorbilder zurückgreifen, die bis in das ausgehende 19. Jahrhundert reichen, etwa bis zu Fatma Aliye Hanim, die schon im Osmanischen Reich als Schriftstellerin und Gründerin der ersten Frauenvereinigung hervortrat. Solche Anregungen führten in vielen Ländern zu Fortschritten, die, wie in Ägypten unter Huda Schaarawi, in den zwanziger Jahren des vorigen Jahrhunderts eine tiefe Bresche in das traditionelle Frauenbild zumindest der gebildeten städtischen Kreise schlug und auch gesetzgeberisch manches bewirkte. Zumindest im besser gestellten städtischen »Bürgertum« war damals, vielleicht vorschnell, von einem »Abschied vom Schleier« die Rede. Die heutigen Frauenrechtlerinnen haben Simone de Beauvoir und Elisabeth Badinter gelesen und sich selbst vom traditionellen Milieu meistens ganz gelöst. Von Ausnahmen abgesehen, setzen sie sich indessen für eine Emanzipation ein, die in islamischen Kontexten stattfinden soll, denn man hat eingesehen, dass gegen die existierende Gesellschaft, und diese ist nun mal eine islamische, nichts zu erreichen ist. Dies freilich macht die Angelegenheit auch wieder schwerer. Man muss dann so argumentieren, dass der Prophet Muhammad und der Koran die Emanzipation der Frau gewollt habe, dass die Benachteiligung und Unterdrückung eine Entartung sei, ein »Verrat am Koran«. Dies ist etwa die Linie, die Mernissi und Djebar vertreten.

Ihnen stehen Frauen gegenüber, die im Zusammenhang mit der Rückkehr fundamentalistischer und islamistischer Strömungen jene westlich inspirierten, emanzipatorischen Aspirationen ihrer Geschlechtsgenossinnen radikal verwerfen. Das wird manchmal, und zwar ebenso pauschal, als freiwillige »Rückkehr zum Schleier« bezeichnet. Diese häufig im Westen ausgebildeten Soziologinnen und Philosophinnen sehen in den vom Westen und der UNO unterstützten Emanzipationsbestrebungen der islamischen Frauen nur einen Hebel und Vorwand, den Islam insgesamt zu zerstören. Die Globalisierung, so etwa kann man hören, ein wesentlich westliches Modell von Modernisierung und Entwicklung, brauche auch Konsumenten nach der Art des Westens; da störe der Islam, wie jede konservative Religion und Kultur, mit seiner Fixierung auf traditionelle, der Familie und dem gesellschaftlichen Zusammenhalt verpflichtete Werte. Nicht umsonst setzten der Westen und seine muslimischen Nachahmer bei der Frau an. Geplant sei erst die Lockerung, dann Auflösung und Zerstörung der Familie, schließlich das Single-Wesen und die gänzliche Atomisierung der Gesellschaft nach westlichem Muster, deren Einzelne ohne den Halt der Gesellschaft schutzlos den Konsum-Aspirationen des modernen, globalisierten Lebensstils ausgesetzt seien.

Diese islamistisch gesinnten Frauen fordern durchaus eine Modernisierung der Stellung der Frau, allerdings in einem Sinne, der mit der herkömmlichen Tradition nicht bricht: Skilaufen ja, aber in islamischer Kleidung. Schwimmen ja, aber in islamischer Badebekleidung und getrennt von den Männern, an eigenen Stränden. Studium der Frauen ja, aber – wie etwa in Saudi-Arabien – in getrennten Hörsälen und bei weiblichen Dozenten. Ist der Dozent ein Mann, so soll seine Vorlesung in den Hörsaal übertragen werden. In einem Land wie Iran wird die Aktivität der Frau in der Öffentlichkeit, auch in der Politik, durchaus begrüßt, doch muss alles – vom Patronendrehen im Krieg mit dem Irak bis zum Journalismus und der Kinderkrippe – dem Islam dienen, und alle Frauen müssen den Hedschab tragen, die vorgeschriebene Kleidung. Dies gilt selbstverständlich auch für die weiblichen Parlamentsabgeordneten, für die Tochter Rafsandschanis oder für Frau Ebtekar, die Vizepräsidentin der Islamischen Republik Iran.

Zwischen den entschiedenen Verfechterinnen einer Emanzipation nach westlichem Muster und den islamistischen Frauen bewegt sich die große Masse der muslimischen Frauen in einem Spannungsfeld, das von modern-westlichen Einflüssen einerseits und den religiösen Traditionen und patriarchalischen Strukturen der Gesellschaft andererseits geprägt ist. Man kann sich vorstellen, wie groß die Identitätsnöte sind, wie stark die innere Zerrissenheit, jedenfalls bei all jenen Frauen, die nicht klaglos im Altbekannten verharren wollen. Freilich ist die Lage teilweise auch sehr unterschiedlich. Während man sie in Ländern wie Saudi-Arabien, Pakistan, Jemen, Afghanistan als detestabel bezeichnen muss, hängt sie in vielen anderen Muslim-Staaten auch vom jeweiligen gesellschaftlichen Status und von der Bildung der Frau wie der gesamten Familie ab. In den Großstädten der Türkei gibt es Inseln der Emanzipation, wo Frauen bisweilen schon fast so leben wie in den mitteleuropäischen Ländern, doch in der Provinz, auf dem flachen Lande gar, herrscht noch immer Väter Sitte. Dabei ist es durchaus bemerkenswert, dass die Türkei schon mehr weibliche Professoren hat als Deutschland, doch würden diese Professorinnen nur selten alleine in ein Lokal gehen oder in den Urlaub fahren. Anderseits gibt es in der Türkei auch schon Behörden, die Frauen wegen des Tragens ihres Kopftuches diskriminieren, so wie umgekehrt die Islamisten in Iran die Verletzung des Hedschab beanstanden und bestrafen. Vor allem auf dem Gebiet des Geschlechterverhältnisses zeigt sich heute ein Ringen, das man getrost als Kulturkampf bezeichnen kann und das den Islam insgesamt erfasst hat. Die Frauenfrage ist ein gewichtiger Teil davon, vielleicht sogar ein entscheidender, und es gibt nicht wenige Beobachter, die dem Islam prophezeien, dass eine revolutionäre Säkularisierung und umfassende Umgestaltung seiner Kultur auf das Engste mit der Befreiung der Frau verbunden sein werde.

Insgesamt macht das deutlich, dass die Frauenfrage besonders ein sozio-kulturelles, weniger vielleicht ein theologisches oder gar religiöses Problem ist. Als Gläubige, das heißt vor Gott und als metaphysische Wesen, behandelt der Koran die Frauen weitgehend wie die Männer. Bei den religiösen Vergehen oder Verdiensten gibt es keinen Unterschied vor Gott. Dass die Frau im Islam keine Seele habe, gehört zu jenen europäischen Vorurteilen, die sich seit dem Mittelalter in der christlichen Welt gehalten haben. Als gesellschaftliches Wesen freilich hat die Frau eine eindeutig nachgeordnete Bedeutung, in der sich, wie ich glaube, eine uralte, mit dem

Patriarchat zusammenhängende Misogynie des Semitentums zeigt. Diese Misogynie zeigt sich auch in Teilen des Alten Testaments, und selbst in manchen Abschnitten der Schriften des heiligen Paulus ist sie ja deutlich erkennbar. Bezogen auf den Islam muss man freilich unterscheiden zwischen den koranischen Lehren sowie der Praxis des Propheten und der gesellschaftlichen Entwicklung in den Jahrhunderten danach. Zur Zeit des Propheten Muhammad spielten Frauen – nicht zuletzt seine Gemahlinnen – noch eine wichtige Rolle auch im öffentlichen Leben, die in späteren Epochen der islamischen Geschichte immer inferiorer wurde. Im 19. Jahrhundert schließlich gab man europäischen Orient-Reisenden den Ratschlag mit auf den Weg, sich bei ihren orientalischen Gastgebern um Himmels willen nicht nach deren Frauen zu erkundigen; ein größerer Fauxpas sei gar nicht denkbar. Und noch heute sieht und weiß man in der globalen Telegesellschaft nichts von einer Frau Gaddafi, Frau Assad oder Frau Musharraf. Ungewöhnlicherweise sind es manche arabischen Könige, die – wie der jordanische oder der neue marokkanische – ihren Frauen den Weg in die Öffentlichkeit ebnen. Andererseits war Benazir Bhutto in Pakistan sogar Ministerpräsidentin. Dies gelang ihr freilich nur, weil sie die Tochter Zulfikar Ali Bhuttos war und sein Familienerbe antreten konnte. Als normale Frau hätte sie keinerlei Chance gehabt. Anders Tansu Çiller in der Türkei, die normal gewählt wurde, doch dort sind die Dinge, wie wir gesehen haben, schon wesentlich weiter gediehen.

Die Stellung der Frau vor dem Islam

Über die Stellung der Frau im vorislamischen Arabien, im altarabischen Heidentum (dschahilija), wissen wir sehr wenig Verlässliches. Mekka, die Geburtsstadt des Propheten, wird in den Quellen als kleine »Kaufmannsrepublik« beschrieben, beherrscht von einigen Stämmen und Clans, deren wichtigster die Quraisch waren. Aus dem Koran (Sure 6, Vers 151, und Sure 81, Vers 8 ff.) geht hervor, dass man neugeborene Mädchen aussetzte oder lebendig begrub, eine Praxis, gegen die sich der Prophet mit Heftigkeit wandte. Frauen galten offenkundig in dieser semitischen Gesellschaft, die aus dem Nomadentum kam, weniger als Männer. Andererseits hatten einige Frauen eine herausragende Stellung inne, was auch der Prophet wie selbstverständlich akzeptierte. Dies galt schon für seine erste Ehefrau, Chadidscha Bint Chuwailid, die eine »Firma« besaß, in welcher der Prophet lange Jahre als Angestellter, später Teilhaber arbeitete. Aus den frühislamischen Quellen, die freilich schon aus der Sicht des siegreichen Islams urteilen, wird auch deutlich, dass einige Frauen auf der Seite der Gegner Muhammads und seiner Lehre wichtigen Einfluss auf die Clans in Mekka hatten.

Der Übergang zwischen Ehe und Prostitution war offenbar fließend, es herrschten Verhältnisse, in denen eine sittliche Ordnung kaum zu erkennen war. Es gab die Zeitehe, die Handelsehe, augenscheinlich auch Reste von Polyandrie, vor allem aber eine fast unbeschränkte Polygamie. Die sexuellen Sitten scheinen sehr locker gewesen zu sein, Prostitution war üblich, besonders unter den Reichen, die es sich zudem leisten konnten, unbeschränkt Frauen zu kaufen. Unter den Beduinen außerhalb der Ansiedlungen war Frauenraub verbreitet. Dies hatte möglicherweise mit einer »Knappheit« von Frauen bei vielen Stämmen und mit hoher Kindersterblichkeit zu tun, der man auf diese Weise abhelfen wollte. Das physische Überleben in den Wüsteneien Arabiens, die Härte und Bedrohung des Lebens vor allem der nomadisierenden Araber sind etwas, das wir uns heute gar nicht mehr vorstellen können.

Die Stellung der Frau im Koran

Als Nächstes möchte ich zeigen, wie die Stellung der Frau im Koran definiert worden ist und wie danach – davon oft abweichend – Sitten und Gebräuche angenommen und durch die Rechtsgelehrten gerechtfertigt wurden, die mit der koranischen Offenbarung oft sehr viel weniger zu tun hatten als mit vorhandenen Traditionen des antiken Orients, die man stillschweigend sanktionierte. Auch das private Verhältnis des Propheten zu seinen Frauen muss dabei zur Sprache kommen.

Von Muhammad wird ein berühmt gewordenes Wort überliefert, dass er nämlich zwei Dinge im Leben besonders geschätzt habe: das Gebet und die Frauen. Folgt man dem Koran, so kann man etwa Folgendes sagen: Der Prophet des Islams hat die Stellung der Frau – verglichen mit den Verhältnissen zuvor – ohne Zweifel angehoben und ihren Status, so wie den der Männer, gesellschaftlich geordnet. Der Koran widmet den Frauen eine eigene Sure. Es ist die umfangreiche Sure 4, »an-Nisa« – die Frauen. Insgesamt bietet sich dem nicht-muslimischen Betrachter ein uneinheitliches, zwiespältiges

Bild. Fortschrittliche Dinge, die den Frauen gewiss Vorteile eingebracht haben, stehen Bestimmungen, Geboten und Forderungen gegenüber, die überall die im Patriarchat maßgebende Suprematie des Mannes voraussetzen. Dazu gibt es eine berühmte, immer wieder zitierte Koranstelle, Sure 4, Vers 34–38, welche lautet: »Die Männer stehen über den Frauen, weil Gott sie von Natur vor diesen ausgezeichnet hat und wegen der Ausgaben, die sie von ihrem Vermögen gemacht haben. Und die rechtschaffenen Frauen sind (Gott) demütig ergeben und geben acht auf das, was verborgen ist, weil Gott acht gibt. Und wenn ihr fürchtet, dass Frauen sich auflehnen, dann ermahnt sie, meidet sie im Ehebett und schlagt sie. Wenn sie euch dann wieder gehorchen, dann unternehmt nichts gegen sie.« Zu diesem berüchtigten Vers im Koran bemerkt die Orientalistin Wiebke Walther: »Hier wird also deutlich die Priorität des Mannes auch durch seine ökonomische Überlegenheit begründet, und die hat er nicht nur damals auf der arabischen Halbinsel besessen, sondern er besitzt sie in vielen (auch nicht islamischen, der Autor) Ländern dieser Erde bis in die Gegenwart.«

Und dieselbe Orientalistin weist auch darauf hin, dass noch am Ende des 19. Jahrhunderts im preußischen Landrecht die Frau als dem Manne gegenüber unmündig erschien, dass sie ihm Gehorsam schuldete und dass im Falle des Ungehorsams der Mann das Recht gehabt habe, sie nach Ermessen durch Schläge zu züchtigen. Noch heute ist die Gewalt in der Ehe, wie wir wissen, in den aufgeklärten westlichen Gesellschaften, die nichts mit dem Islam zu tun haben, ein Problem.

Der Koran schreibt Mann und Frau die Ehe vor, die als Vertrag (nikah) angesehen wird. Sinn und Zweck der Ehe ist es, Nachkommen zu erzeugen, aber auch den natürlichen und gottgewollten Trieb nach Lust zu befriedigen und zu kanalisieren. In der Ehe ist die Frau keineswegs völlig rechtlos, wenn sie auch über weitaus weniger Rechte als der Mann verfügt. Der Prophet schaffte die vorher üblichen Formen der wilden Ehe ab. Im Unterschied zu weit verbreiteten Auffassungen, die da lauten, die Frau sei ein bloßes rechtliches Anhängsel vom Mann, anerkennt der Koran die Frau ausdrücklich als Rechtsperson. So kann sie über ihr Vermögen, etwa über die Morgengabe, frei verfügen, ohne dass der Mann sich einzumischen hat. Von ihrem Vermögen, sofern wie welches hat, muss sie nichts in die Ehe einbringen. Die Scheidung, die Auflösung des Ehevertrages, ist für die Frau möglich, allerdings zu erheblich schwereren Bedingungen als für den Mann. Scheidungsgründe sind für die Frau: Impotenz oder eine gefährliche Erkrankung des Mannes, Vernachlässigung der Unterhaltspflicht durch den Mann, grausame Behandlung der Frau. Die Frau muss allerdings ein förmliches Gerichtsverfahren vor dem Qadi anstrengen und die entsprechenden Nachweise führen. Für den Mann genügt es, wenn er dreimal in gehörigem Abstand die so genannte »Talaq-Formel«, »Ich verstoße Dich!«, ausspricht. Nach dem dritten Mal gilt dies als unwiderruflich. Hat der Mann diese Formel nur einmal ausgesprochen, kann er seine Entscheidung widerrufen. Kinder aus geschiedenen Ehen können entscheiden, zu welchem Elternteil sie gehören wollen. Kinder, die mit Konkubinen gezeugt werden, das heißt außerhalb der Ehe, gelten als ehelich. Die Polygamie wurde im Koran auf maximal vier Ehefrauen begrenzt. In Sure 4, Vers 3, heißt es: »Und wenn ihr fürchtet, sonst nicht den Waisen gerecht werden zu können, nehmt euch als Frauen, was euch gut erscheint, zwei oder drei oder vier. Doch wenn ihr fürchtet, ihnen nicht gerecht werden zu können, heiratet nur eine oder diejenigen, die ihr von Rechts wegen besitzt. Dies schützt euch eher vor Ungerechtigkeit ...« Vor allem der letzte Vers wird von zeitgenössischen Rechtsgelehrten so ausgelegt, als strebe der Koran eigentlich die Einehe an, denn man kann nicht gegenüber vier Frauen gleich gerecht sein, schon gar nicht in seinen Gefühlen.

Doch wie hielt es der Prophet Muhammad selbst mit seinen Frauen?

In ihrer romanhaften Darstellung »Die Frauen von Medina« widmet sich die algerische Schriftstellerin Assia Djebbar den Gemahlinnen des Propheten Muhammad. Sie stützt sich dabei auf frühislamisches Material, vor allem auf den Historiker Tabari. Muhammad war zunächst mit Chadidscha verheiratet, bis zu deren Tod im Jahre 619. Später ging der Prophet wenigstens neun Ehen ein. Ein Teil dieser Eheverhältnisse war gewiss politisch bedingt, denn der Prophet musste andere Stämme an sich und seine Mission binden. Dies geschah durch solche Heiraten. Andere Ehen dienten wohl der Versorgung von Witwen und Waisen, denn diese Frauen waren zuvor mit Männern, Gefährten Muhammads, verbunden gewesen, die in den Kämpfen des frühen Islams getötet worden waren. Durch die Ehe mit dem Propheten oder anderen Gefährten wurden sie materiell abgesichert. Der Prophet blieb freilich die Ausnahme, denn zu seinen Lebzeiten heirateten nur wenige seiner Anhänger mehrere Frauen.

Assia Djebar hat nun festgestellt – und auch manche Überlieferung aus dem frühen Islam legt dies ohnehin nahe –, dass die Frauen des Propheten einen öffentlichen Wirkungskreis hatten, der weitaus größer war als in späteren Zeiten, als das islamische Gesetz, Gewohnheit, Bequemlichkeit und die geheimen gesellschaftlich-religiösen Mechanismen der Unterdrückung und ihrer Verinnerlichung eine weit gehende Verbannung der Frau aus dem öffentlichen Milieu erreichten. Es dauerte allerdings noch Jahrhunderte, bis die Segregation der Geschlechter annähernd perfekt war und jene Formen der Einsperrung annahmen, die noch heute in vielen Teilen der islamischen Welt zu beklagen sind, am schlimmsten zuletzt unter den Taliban in Afghanistan.

Die Frauen aus der Umgebung des Propheten nun, etwa seine Tochter Fatima oder seine Lieblingsfrau Aischa, beteiligten sich nicht nur am religiösen Leben der Gemeinde, sondern nahmen auch Anteil an der Politik. Sie kritisierten sogar Entscheidungen des Propheten, wenn ihnen das notwendig schien, oder widersprachen ihm auf andere Weise. Nach dem Tode Muhammads spielte Aischa in dem Bürgerkrieg zwischen den Anhängern Alis, der ihr Ehemann war, und denjenigen Uthmans eine herausragende politische Rolle, ja, sie nahm sogar an den Schlachten teil und leitete diese. In den Armen Aischas war Muhammad im Jahre 632 gestorben.

Man kann davon ausgehen, dass auch in den nachfolgenden Generationen die Rolle der Frauen noch eine aktivere gewesen ist als später. So wird etwa von al Chaizuran, der Mutter des Kalifen Harun al Raschid, berichtet, dass sie kräftig in der Politik mitmischte. Ähnliches gilt für dessen Gemahlin Zubaida. Beide Frauen kommen übrigens in der Märchensammlung von Tausendundeine Nacht vor, was zeigt, dass sie keineswegs der Verschlossenheit des Harems ausgesetzt gewesen waren. Ebendiese Märchen- und Geschichtensammlung zeugt auch davon, dass der Islam damals in eroticis alles andere als prüde gewesen ist, obschon die Aktionsräume der Männer viel weiter waren als diejenigen der Frauen.

Die Frau im islamischen Recht

Das islamische Recht, das Sakralrecht der Scharia, entwickelte sich in den ersten zwei bis drei Jahrhunderten nach dem Tod des Propheten. Seine Quellen sind der Koran und das Hadith, das heißt Sammlungen von Aussprüchen des Propheten, die auf eine Überliefererkette zurückgehen, aber ebenso authentischen Rang beanspruchen wie der Koran. Die Scharia umfasst alle Lebensbereiche, von den religiösen Ritualbestimmungen über das Familien- und Personenstandsrecht bis zum Strafrecht. Die Scharia ist also tausend Jahre alt und spiegelt Rechtsverhältnisse der damaligen Zeit wider, fußend auf den Bedürfnissen der damaligen Zeit. Das heutige Problem besteht nun darin, dass sich die Welt gewandelt hat, ja sogar rasend schnell weiterwandelt, die Scharia von den orthodoxen Muslimen aber als Gottesrecht angesehen wird, das nicht verändert, allenfalls interpretiert werden darf.

Über die Stellung der Frau im islamischen Recht gilt in viel stärkerem Maße, was schon über den Koran gesagt wurde: Einerseits bringt es eine Verrechtlichung der Verhältnisse, andererseits ist die Frau aber in vielen Dingen dem Mann nachgeordnet. Erscheinungen, die wir heute als typisch islamisch ansehen, verfestigten sich wohl erst in den beiden ersten Jahrhunderten, als die Scharia entstand. Im Personenstandsrecht fällt auf, dass der Mann meistens darf, was die Frau nicht darf, oder dass der Mann auf andere Weise materiell bevorzugt wird. So dürfen muslimische Frauen nicht christliche Männer heiraten, muslimische Männer aber christliche Frauen. Im Erbrecht erben Töchter im Allgemeinen die Hälfte dessen, was Söhne erben, was damit erklärt sein mag, dass die Frau in der Regel eben vom Mann versorgt wurde. Vor Gericht zählt das Zeugnis der Frau nur die Hälfte oder, anders ausgedrückt, zwei Frauen müssen etwas bezeugen, wofür das Zeugnis eines Mannes ausreicht.

Insgesamt ist es wohl so, dass die Geschlechtertrennung und die Nachordnung der Frau in vielen Lebensbereichen erst in der Scharia verfestigt worden sind. In der sunnitischen Konfession, der neunzig Prozent der Muslime zuzurechnen sind, haben sich vier orthodoxe Rechtsschulen herausgebildet, die in manchen Bestimmungen abweichen. Doch sind die Unterschiede insgesamt nicht besonders groß. Die Schiiten entwickelten ihr eigenes Recht, das manche Besonderheiten, wie etwa die Zeitehe (mut'a), enthält.

Im Laufe der Geschichte kam es zur Entwicklung zweier getrennter Welten in der Gesellschaft des Islams, die sich bis heute weitgehend gehalten haben – mit unterschiedlicher Stärke. In der Türkei ist sie inzwischen weniger ausgeprägt als in extrem konservativen Staaten wie Saudi-Arabien oder Afghanistan. Man begegnet ihnen noch heute als Reisender in den Ländern der Region. Einer weitgehend abgeschlossenen »Männerwelt« steht eine »Frauenwelt« gegenüber. Die Männerwelt – das ist die Öffentlichkeit im weitesten Sinne, das fast männerbündische Unter-sich-Sein im Café mit Trick-Track-Spielen, das letzte Wort des Patriarchen in der Familie und so weiter. Die Frauenwelt war und ist häufig noch ähnlich abgeschlossen, kreist um die Fragen von Schönheit und Ehe, Familie und Mode. Freilich gab es immer auch Frauen, welche die Abgeschlossenheit der eigenen Welt für Freiräume innerhalb dieser Welt – etwa für Bildung oder andere »erlaubte« Betätigungen – nutzten. In der Frauenwelt ist die älteste Frau der Familie, meistens die Mutter des Vaters, die Herrscherin. Dies galt früher sogar für die Sultansmutter (valide), in deren Händen manchmal nicht nur die anderen weiblichen Familienmitglieder, sondern sogar der Herrscher zu Wachs wurden.

Heute werden diese Verhältnisse durch den Einbruch der modernen Zeit massiv aufgebrochen, wogegen sich die Fundamentalisten aller Couleur, männliche wie weibliche, wehren. Innerhalb der Familie war der Rang insbesondere der Mutter immer besonders hoch, doch illustriert vielleicht nichts die Existenz dieser beiden voneinander abgeschotteten Menschenwelten besser als die Aufteilung des klassischen osmanisch-türkischen Konaks oder Wohnhauses. Dort unterschied man den Männertrakt, das Selamlik, vom Frauentrakt, dem Haremlik. Der Zutritt zum Frauentrakt war allein den Männern der eigenen Familie vorbehalten. Unter anderen hat die türkische Schriftstellerin Leyla Erbil diesen »Osmanismus« des Geschlechterverhältnisses in ihren Romanen und Erzählungen immer aufs Neue kritisch unter die Lupe genommen und die These vertreten, er präge auch noch heute in der Türkei die Verhältnisse, obschon das Osmanische Reich schon lange nicht mehr existiere. Es wirkt aber, in der Tat, in vielen Bereichen der türkischen Gesellschaft nach.

Einige Reizthemen

Damit sind wir bei Reizthemen angelangt, die in einem historischen Kontext erörtert werden müssen. Dazu gehört ohne Zweifel das Wort »Harem«. Nichts hat die Phantasie der Nicht-Muslime, des Westens vor allem, so gefesselt wie diese Einrichtung, über die man durch die Lektüre von Reiseschriftstellern oder Kolportageautoren erfuhr. Es mag nun überraschen zu hören, dass Harems in der islamischen Gesellschaft eine relativ unwichtige Bedeutung hatten. Sie waren ein absolutes Minderheitenphänomen, da sich nur der jeweilige Herrscher, Höflinge und Wesire oder sehr reiche Männer überhaupt mehrere Frauen »leisten« konnten. Die Mehrzahl der Muslime hat immer in Einehe gelebt. Für den gemeinen Mann bedeutete sein »Harem« eben nur den Bezirk seiner Frau und seiner Töchter, der für andere Männer unantastbar (harim) blieb. Die Herrscher allein und wenige Reiche unterhielten jene Form des legalisierten Mätressenwesens, das unter den Herrschern Europas auf illegale Weise existierte.

Die islamische Gesellschaft des Mittelalters hat die Harems, wo es sie gab, einfach übernommen und sanktioniert, denn schon im antiken Orient waren die »Frauentrakte« unter den Herrschern und bei der Oberschicht weit verbreitet. Dass Salomon »siebenhundert Weiber« hatte, lesen wir schon im Alten Testament. Harems hatten auch die Perserkönige. Der Islam hat das sanktioniert, da der Prophet die Polygamie grundsätzlich erlaubte. Zu Zeiten, als die Gesellschaften noch Sklaven kannten, bekamen die Herrscher – etwa der Sultan zu Konstantinopel – von befreundeten Fürsten Sklavinnen als Konkubinen für den Harem geschenkt. Oder die Mütter dienten ihre Töchter dem Sultan für den Harem geradezu an. Das aber hatte mit den Verhältnissen des gemeinen Mannes auf der Straße nichts zu tun. Die Abgeschlossenheit der Frauenwelt in den klassischen Harems, zu welcher der Mann nur in seltenen Fällen Zutritt bekam, verführt heutzutage manche der militantesten westlichen Feministinnen, die sich ihrerseits das Ausgrenzen des Mannes aus der Frauenwelt vorgenommen haben, zu gewissen Sympathien mit der Segregation der Frauen. Da scheinen sich Extreme zu berühren.

Die Unerreichbarkeit der Frau für viele normale Männer hat im mittelalterlichen Islam übrigens zu einem interessanten kulturhistorischen Phänomen geführt, das auch das christliche Abendland beeinflusst hat. Es ist die platonische Verehrung der Frau, die man – wegen der Abgeschlossenheit der Harems – nur von ferne oder gar abstrakt, als Ideal, lieben, vielmehr anbeten und verherrlichen kann. Man widmet dieser »hohen« Frau Gedichte und Lieder, die man im Liebensschmerz verfasst, wohl wissend, dass das Objekt der Begierde für immer unerreichbar bleibt und bleiben muss. Vor allem im maurischen Spanien, wo manche der angedichteten Frauen aus den Harems heraus sogar den Männern antworteten, entstand eine ganze Gattung von Poesie, die weiterwirkte. Es kann heute als ziemlich sicher gelten, dass die Dichtung des europäischen Minnesangs, in der ebenfalls in der »hohen Minne« eine unerreichbare Frau (die frouwe) angesungen wird, auf arabisch-muslimische Vorbilder zurückgeht. Die provenzalischen Troubadoure waren dabei die Vermittler dieser Kunst, die das Resultat der Geschlechtertrennung ist, nach Mitteleuropa hinein.

Ein weiteres Reizthema zwischen dem Islam und dem Westen, respektive in der islamischen Welt selbst, ist der Schleier, das heißt entweder die Verhüllung des ganzen Körpers einschließlich des Gesichtes mit den verschiedenen dafür existierenden Formen – wie Burqa, Hidschab, Tschador – oder heutzutage meistens das Kopftuch. Der Streit darüber ist zum Beispiel in einem Land wie der Türkei noch viel heftiger als in Deutschland, wo das Kopftuch – vom Schuldienst einmal abgesehen – im täglichen Leben mittlerweile präsenter ist als noch vor zehn Jahren. Die muslimischen Verbände in Deutschland rechtfertigen das Tragen des Kopftuches und den Anspruch, dies auch etwa als Staatsbeamtin vor einer Schulklasse tun zu dürfen, mit dem Hinweis, die Bedeckung des Kopfes, vor allem der Haare, sei nach orthodoxer Lehre für die muslimische Frau vorgeschrieben. Das trifft zu, doch wird verschwiegen, dass es im Laufe der Jahrhunderte auch immer wieder andere Rechtsgutachten und Stellungnahmen in dieser Angelegenheit gab. Aber was sagt der Koran dazu?

Nach der Auffassung modern gesinnter Exegeten verlangen die damit befassten Stellen des Korans vor allem, dass die Frau sich »anständig« kleide, mehr nicht. So legt die Sure 24, Vers 31, es den gläubigen Frauen nahe, Dezenz zu zeigen: »Sage auch den gläubigen Frauen, dass sie ihre Augen niederschlagen und sich vor Unkeuschem bewahren sollen und dass sie nicht ihren Körper, außer nur was notwendig sichtbar sein muss, entblößen und dass sie ihren Busen mit dem Schleier verhüllen sollen.« Von einem Gesichtsschleier ist nirgendwo die Rede. Im Gegenteil: Die Wendung »was notwendig sichtbar sein muss« scheint gerade zu sagen, dass das Gesicht frei, unverschleiert, bleiben soll.

Wie im Falle des Harems, so scheinen auch beim Schleier, vielmehr bei der Verschleierung, antike orientalische Traditionen aufgenommen worden zu sein und sich dann verfestigt zu haben. Besonders in der städtischen Bevölkerung, unter den Frauen der oberen Klassen oder gar am Hof, war das Tragen von Schleiern, auch Gesichtsschleiern, durchaus verbreitet. Es galt als Ausweis der höher gestellten Frau, des Vornehm-Seins. Schon am persischen Hof der

Achaimeniden trug Atossa, die Gemahlin des Dareios, einen Schleier, und Salome tanzte ihren Schleiertanz, wie die Bibel berichtet. Auch in Mekka zur Zeit des Propheten kannten die Frauen eine Körperverhüllung, die im Koran »Dschilbab« genannt wird. Auch die Frauen des Propheten dürften diesen Umhang getragen haben, doch von einer Verhüllung des Gesichts ist nirgends die Rede. So hat sich später, unter dem Vorwand der Tugend und moralischer Dezenz, eine Verhüllung der Frauen verstetigt, die in jenem Maß zunahm, in dem auch die Isolierung der Frau in der Öffentlichkeit wuchs.

Heutzutage hat die islamische Welt in puncto weiblicher Kleidung alles zu bieten: von westlich aussehenden Frauen, die das Tragen einer jeglichen islamischen Kleidung entschieden ablehnen, sofern ihnen das ihre Gesellschaft zugesteht, bis zum Tschador-Zwang in Iran oder dem Tragen sogar von Gesichtsmasken zusätzlich zur Körperverhüllung, wie man sie in den Staaten des Persischen/Arabischen Golfs antrifft. Das Kopftuch hingegen ist eine relativ neue Erscheinung. Es scheint so etwas darzustellen wie einen Mittelweg. Ich möchte hier nicht auf den Kopftuchstreit an unseren Schulen eingehen, aber doch anfügen, dass ein Land wie die Türkei allen Lehrerinnen und Professorinnen, ja neuerlich sogar den Studentinnen innerhalb der Schule oder des Campus das Tragen des Kopftuches schlichtweg verbietet. Traditionalisten und Islamisten hingegen versuchen mit aller Gewalt, dieses Verbot zu umgehen oder gar ganz zu Fall zu bringen. Islamistische Frauengruppen haben es sich bisweilen zum Beruf gemacht, die Tücher modisch zu gestalten, besonders was die Farbe angeht. In Deutschland tragen vornehmlich Türkinnen heute das Kopftuch öfter als früher. Das mag damit zusammenhängen, dass es als Erkennungsmerkmal dient und den Trägerinnen in einer weitgehend fremden Umwelt signalisiert, dass sie es mit ihresgleichen zu tun haben. Das Kopftuch wirkt somit als Identifikationsmerkmal für die eigene Gruppe.

Als drittes Reizthema sei die Beschneidung genannt. Sie ist bei den semitischen Völkern, vor allem bei den Juden, seit biblischen Zeiten als männlicher Initiationsritus, der an Knaben vollzogen wird, verbreitet, so auch bei den Muslimen. Man kennt sie aber auch bei den Urbevölkerungen in Australien, auf dem Malaiischen Archipel, in Ozeanien und Teilen des amerikanischen Kontinents. Die Beschneidung der Frau hingegen ist ein Phänomen, auf das man im Westen erst seit kurzem aufmerksam geworden ist. Die Frauenbeschneidung ist gänzlich unkoranisch, weshalb sich die islamischen Frauenrechtlerinnen mit besonderem Eifer dagegen wenden, wird aber von den meisten Rechtsschulen mit unterschiedlicher Intensität befürwortet. Praktiziert wird sie vor allem in Ägypten und Sudan, aber auch unter Muslimen in schwarzafrikanischen Ländern. In Ägypten fügen sich sogar die christlichen Kopten unter dem Gruppendruck ihrer muslimischen Umwelt häufig dieser Unsitte, die den Frauen und Mädchen traumatisierende seelische Erlebnisse zufügt und ihre sexuelle Selbstbestimmung zutiefst beeinträchtigt. In Ägypten wurde im Sommer des Jahres 2000 das mühsam durchgesetzte Verbot der weiblichen Beschneidung durch ein Staatsgericht wieder aufgehoben. Hier zeigt sich, dass ein eklatanter Mangel an Demokratie die Herrschenden um ihres Machterhalts willen immer wieder dazu zwingt, den rigorosen Forderungen von Fundamentalisten und Reaktionären nachzukommen – zum Nachteil der Frauen. Für westliche Begriffe unverständlich ist allerdings, dass nicht wenige Frauen in diesen Ländern sich ganz im Sinne solcher islamistischer Forderungen verhalten.

Dies zeigt, wie schwierig nicht nur diese Problematik, sondern wie unübersichtlich die Stellung der Frau insgesamt ist. In den meisten muslimischen Ländern herrscht heute ein gemischtes Rechtssystem. Das heißt, man unternimmt den Versuch, westlich-progressive Rechtsvorstellungen, wie sie auch die Vereinten Nationen verlangen, irgendwie mit vertrauten Traditionen in Einklang zu bringen. Hundertprozentig von der Scharia geprägt sind nur einige wenige Länder, wie Saudi-Arabien, Iran, Pakistan, Sudan. In anderen Ländern, wie etwa Ägypten oder Nigeria, sind die Verfechter einer hundertprozentigen Rückkehr zum religiösen Recht sehr aktiv. Ganz abgeschafft ist die religiöse Rechtsordnung allein in der Türkei, doch ist auch dort, vor allem auf dem flachen Lande, die Fortdauer eingeschliffener Verhaltensweisen und Kodizes zu spüren. Der Staat und sein Gesetz sind eine Sache, die Lebensweisen der Menschen eine andere.

Eine wichtige Rolle spielen auch die Differenzen in Hinblick auf den Entwicklungsstand. Der ist in der Türkei, einem Land mit weitaus größerer Alphabetisierung, anders als in Staaten, deren Bevölkerung noch zu achtzig oder neunzig Prozent aus Analphabeten besteht, besonders unter den Frauen. Schließlich sollten wir nicht vergessen, wie lange Forderungen nach Emanzipation und Gleichberechtigung der Frau in Europa brauchten, um endlich Gehör und praktische Berücksichtigung zu finden. Auch war dazu eine umfassende politische, gesellschaftliche und ökonomische Umgestaltung nötig, die sich bis heute nur die reichen Industriegesellschaften leisten konnten. Ideen gedeihen nicht im leeren Raum, sondern sind auch gesellschaftlich vermittelt, so wie sie selbst auch wieder auf die Gesellschaft zurückschlagen und diese langsam, aber sicher verändern. Das gilt, bezogen auf den Islam, nicht nur für die Frauenfrage, sondern auch für die Umgestaltung und Modernisierung der Gesellschaft insgesamt, von der Stellung der Religion bis zum Strafrecht.

Bleibt die Frage nach dem Maßstab. Als weitgehend unwirksam hat sich erwiesen, von außen Druck auf den Islam auszuüben. Die islamische Welt muss Reformen in eigener Regie anregen, wollen und auch durchsetzen. Dies bedeutet nicht, in der Kritik zu verstummen, ganz im Gegenteil. Die Vereinten Nationen sind nicht ohne Grund davon überzeugt, dass viele Probleme der Dritten Welt besser gelöst werden könnten, wenn nur endlich die Frauen als gleichberechtigte Partner ihrer Männer mitreden dürften. Apologetische Argumente des Bewahrens kultureller Traditionen können leider allzu oft zur Zementierung autoritärer Herrschaftsverhältnisse in Gesellschaft und Familie verwendet werden. Es gilt, einen Weg zwischen arroganter Belehrung und entschiedener Beharrlichkeit zu gehen, wohl wissend, dass niemand zu Veränderungen gezwungen werden kann, der sie nicht will. Der islamische Philosoph Ibn Ruschd (gest. 1198 n. Chr.) schrieb einmal, es sei dumm, wenn der Islam die Frauen nicht gleich behandele, da er sich einer Hälfte seines schöpferischen Potentials beraube. Dem ist nur wenig hinzuzufügen.

Rhythmen, Zyklen und Zersplitterung
in der islamischen Geschichte

Das beliebteste Erklärungsmuster unverstandener Ereignisse im Orient ist bis heute die Verschwörungstheorie. Das arabische Wort dafür – »mu'amara« – wird von Politikern und Publizisten, Wissenschaftlern und Philosophen unverhältnismäßig häufig verwendet. Es trifft nicht allein vermeintliche oder wirkliche Machenschaften islamischer Protagonisten, sondern findet vor allem auch auf Nicht-Muslime Anwendung, deren perfider Politik man die Schuld am eigenen Versagen gibt. Jedenfalls oft genug. Alle, die auf irgendeine Weise mit der Region zu tun haben, kennen diese Erfahrung. Amerika und Israel sind dabei schnell als die Hauptdrahtzieher von Weltverschwörungen gegen den Islam ausgemacht. Nahrung finden die Verschwörungstheorien tatsächlich immer wieder dadurch, dass man historische Fakten anführen kann, die geeignet scheinen, sie zu bestätigen, und zwar immer und immer wieder: die Kreuzzüge, die christliche Reconquista in Spanien, die Piraterie der großen, zu Beginn des 16. Jahrhunderts aufstrebenden westlichen Seemächte, den Kolonialismus, den Imperialismus, den Kapitalismus mit seiner Globalisierung – dies das jüngste Stichwort einer »mu'amara«. Vor allem die Prediger des Islamismus stoßen gerne in dieses Horn, enthebt es sie doch weiteren Denkens und Räsonierens über die eigene muslimische Befindlichkeit. Auch die westlichen Islamforscher unterliegen gelegentlich diesem Verdikt von muslimischer Seite.

Eklatantes Beispiel für die Beliebtheit der Verschwörungstheorie war seinerzeit die Behauptung des iranischen Revolutionsführers und Begründers der Islamischen Republik Iran, Ajatollah Ruhollah Chomeini (1902–1989), der Westen, die Amerikaner vor allem, habe die Gemeinde der Muslime, die Umma, mit politischer Absicht gespalten, damit sie ihm nicht geeint entgegentreten und somit Opfer seiner – des Westens – Manipulationen werden könne. Chomeini machte dies besonders für den Gegensatz zwischen Sunniten und Schiiten geltend, den er, jedenfalls zu diesem Zeitpunkt, aufgehoben sehen wollte. Es ging damals darum, den élan vital der iranischen, im Kern schiitischen Revolution auch in der übrigen, mehrheitlich sunnitischen Welt des Islams einzupflanzen. Die Beschwörung der Einheit des Islams, deren Verlust man bedauert, weil der Westen auch das Bild einer ewig zerrissenen islamischen Welt vor sich hat, stand dabei im Vordergrund. Um dieses Zieles willen wurden wieder die alten, einseitigen Thesen von der westlichen Verschwörung gegen den Islam aufgewärmt.

Doch die Muslime, die so argumentieren, vermindern den Wert ihrer eigenen Geschichte, machen sie zur bloßen Funktion, zum Anhängsel der westlichen. Dies ist genau das, was auch die unverbesserlichen Eurozentriker der Geschichtsschreibung noch immer tun: den islamischen Kulturkosmos und seine Geschichte einseitig aus allein westlicher Perspektive und Schau abzuhandeln. Doch der Islam, obschon auf vielfältige Weise auch mit dem Westen verbunden, stellt eine Welt eigenen Gewichtes und eigenen Rechtes dar, die sich auch in einer eigenen und eigenständigen Geschichte offenbart. Bestandteil dieser eigenen Geschichte sind vor allem eigene Rhythmen, die von äußerer Beeinflussung nicht immer, aber doch oft frei gewesen sind. Ich möchte hier, in Anlehnung an mein Werk »Muhammads Erben« aus dem Jahre 1999, den Begriff des »Tarich« wieder ins Spiel bringen und ihn, bevor ich von den historischen Rhythmen handle, näher ausführen.

»Tarich« ist das gängige arabische Wort für Geschichte. Als solches ist es, wie auch das abgeleitete »muwarrich«, »Historiker«, auch in andere Sprachen der islamischen Hemisphäre eingedrungen, so ins Türkische und Persische. »Tarich« bedeutet jedoch auch Datum, etwa im Brief oder bei einem offiziellen Schriftstück. Der Tarich ist die »islamische Datierung«, der Beginn von speziell in islamischem Kontext stehenden Ereignissen in der Zeit. Wenn wir Geschichte als die Summe der bisher in der Zeit abgelaufenen Geschehnisse in der Welt des Menschen definieren, so ist christliche oder islamische Geschichte ein Ausschnitt davon.

Doch so einfach und eingängig solcherlei Definitionen vordergründig auch sein mögen, es ist schwieriger, sie mit wirklichem Inhalt zu füllen. Wann, zum Beispiel, beginnt der Tarich, die islamische Datierung, in ihrem ureigenen Sinne? Etwa mit der Hidschra, die sich der Islam offiziell als Beginn seiner Zeitrechnung ausgewählt hat? Diese mehr oder weniger organisierte »Auswanderung« des Propheten Muhammad von seiner Heimatstadt Mekka nach al-Medina (Yathrib) bedeutet ja ganz sicher eine wichtige Zäsur in seinem Leben ebenso wie in der Geschichte der Gemeinde. Doch gab es die Gemeinde auch schon früher, eben in Mekka, obschon wesentlich unorganisierter. Seit Beginn der dem Propheten übermittelten Offenbarungen bis zur

Hidschra waren etwa zwölf bis dreizehn Jahre vergangen. Zählt auch diese Zeitspanne zum Tarich oder nicht?

Noch verwickelter wird die Lage, wenn wir, wie der Koran dies tut, den Islam als den menschheitlichen Ur-Monotheismus charakterisieren, als die überdimensionale menschliche Universale. In diesem nicht realen, sondern metaphysischen Sinn war schon Adam Muslim. Ja, die Menschheit hat schon in der Präexistenz einen monotheistischen Urvertrag mit Gott geschlossen, der sie fragte: »Bin ich nicht euer Herr?«, worauf die präexistente, platonische Menschheit mit »Ja, wir bezeugen es!« (Koran Sure 7, Vers 171) antwortete. So könnte man fragen, ob schon mit ihm, dem ersten Menschen, der Tarich beginnt. Gibt es gar einen heilsgeschichtlichen und einen realgeschichtlichen Tarich, die nicht deckungsgleich sind? Solche Erwägungen verbieten sich schon deshalb von vornherein, weil der Islam nicht den denselben Begriff von Heilsgeschichte haben kann wie das Christentum, dessen Stifter nach traditionellem Verständnis von ganz anderer Wesensart war als Muhammad, nämlich göttlich. Christus ist als Inkarnation des göttlichen Wortes, das eben Fleisch geworden ist, Erlöser (soter), eine Vorstellung, die dem Islam fremd ist und bleiben muss. Muhammad ist nicht Erlöser. Dies definiert auch Heilsgeschichte von vornherein ganz anders. Im Islam bedeutet »Heil« nichts anderes als in allen übrigen Religionen, das Christentum ausgenommen: dass man das Heil erlangt, wenn man den Geboten des Propheten und der numinosen Instanz folgt. Im Leben mag man dafür inneren Frieden finden. »Herbei zum Gebet! Herbei zum Heil!«, heißt es im Gebetsruf der Muslime, dem Adhan. Einzig bei den Schiiten mit ihren esoterischen Vorstellungen von den Imamen und deren Stellvertretern, den Schriftgelehrten, kommen Elemente eines Erlösungsglaubens hinzu.

Ich glaube, dass die Muslime instinktiv das Richtige getan haben, als sie die Hidschra zum Datum machten und damit den Tarich festlegten, die Chronik der laufenden Ereignisse unter dem Zeichen des Islams im Ablauf der Zeit. Sie bietet auch den wichtigsten Ansatzpunkt, um einen islamischen Essentialismus zu vermeiden, wie er von Orthodoxen aller Spielarten vertreten wird, eben jene Universalie, als deren bloßer Schatten die Geschichte eigentlich zweitrangig oder unwesentlich wird. Mit der Übersiedlung des Propheten nach al-Medina beginnen sozusagen die Kausalketten (es sind immer mehrere, auch abgebrochene) »islamischer« Ereignisse, die bis heute »gelesen« werden können und die selbstredend auch nicht spezifisch islamische, vielmehr allgemein menschliche Elemente enthalten. Die Hidschra schuf vor allem das, was dafür konstitutionelle Bedeutung hat: eine Vergesellschaftung von Gläubigen im Zeichen des Islams und seiner Gebote. Erst seit der berühmten Gemeindeverfassung von al-Medina können wir von einer »islamischen Gesellschaft« sprechen, weil sie dort keimhaft angelegt war und sich aus ihr heraus auf Zukunft hin entwickelte. Davor hatte sich der Islam gewissermaßen im Stadium eines metaphysischen Experiments befunden, das auch hätte scheitern können. Ebenso richtig ist freilich, dass die islamische Gesellschaft als historisches Subjekt noch verschiedene Krisen durchmachen musste, bis sie über den Berg war, so den endgültigen Sieg über die Mekkaner und, nach dem Tode Muhammads, die Niederschlagung der ridda, jener kollektiven Apostasie, die entstanden war, weil arabische Stämme glaubten, sie seien nach dem Tod des Propheten nicht mehr an den Treueeid gebunden, den sie der Person Muhammads exklusiv geleistet hatten. Der Treueeid war etwas an die Person Gebundenes im alten Arabien.

Das islamische Eschaton

Haben wir den Terminus einer Heilsgeschichte als fragwürdig für den Islam zurückgewiesen, so müssen wir umso entschiedener den Begriff der »Eschatologie« ins Gespräch bringen. Judentum, Christentum und Islam sind die Religionen des Eschaton, während etwa Hinduismus und Buddhismus davon nichts wissen. Letztere sind, wie Helmuth von Glasenapp es treffend formuliert hat, Religionen des ewigen Weltgesetzes. Die Vorstellung eines Anfangs und Endes der Welt, einer Endzeit mithin, ist ihnen urtümlich fremd; damit auch jener Zeithorizont, auf den hin Geschichte im Verständnis der anderen Religionen linear hinführt. Dies muss, ohne dass wir es hier näher ausführen können, kaum zu überschätzende Folgen für das Denken und Empfinden der Menschen haben, die der einen oder anderen Weltschau angehören. Natürlich ist das nicht im Sinne einer Wertung gemeint, sondern als erkenntnishaft festgestellte Differenz.

Dem Islam nun ist das Eschaton wohl bekannt. Koran und Überlieferung reden davon in teilweise glühenden Bildern. Vor allem der Muslim, weniger der Jude und kaum noch der Christ, lebt auf den

Jüngsten Tag hin, den jaum al-din, wie der Koran ihn nennt. Es ist der Tag des Gerichtes, der Tag des Glaubens (din ist das geläufige Wort für Glaube, Religion). Es ist der Tag der Abrechnung (hisab), der Rückkehr (maad) und der Auferstehung der Toten (qijama). Ihm geht eine Periode der Endzeit voraus. Einen regelrechten politischen Messianismus gibt es bei den Schiiten mit ihrer Vorstellung vom entrückten, am Ende der Zeiten aber aus der Verborgenheit hervortretenden zwölften Imam, der die absolut gerechte Ordnung der Gläubigen errichten wird. Und im Sunnitentum hat sich der Mahdi-Glaube etabliert. In dieser gerechten Gesellschaft des Glanzes und der Glorie verharren die gläubigen Schiiten dann bis zum Eintritt des Jüngsten Tages, an dem die Rechnung aufgemacht wird.

Doch lassen wir einmal die Texte sprechen. So heißt es in der Sure al-takwir, die Zusammenfaltung oder Einhüllung (Sure 81, Vers 1–14): »Wenn die Sonne in Dunkelheit eingehüllt wird / und wenn die Sterne ihren Glanz verlieren / und wenn die Berge sich in Bewegung setzen / und wenn die hochschwangeren Kamelstuten vernachlässigt werden / und wenn die wilden Tiere sich versammeln / und wenn die Meere überkochen / und wenn gleich zu gleich gesellt werden / und wenn das lebendig begrabene Mädchen gefragt wird / um welcher Schuld willen es getötet wurde / und wenn die Schriftrollen aufgerollt werden / und wenn das Firmament weggezogen wird / und wenn die Hölle angefacht wird / und wenn das Paradies nahegebracht wird: / dann wird jede Seele wissen, was sie mitgebracht hat ...« (Übersetzung Henning/Hofmann). Dies ist die berühmteste und berührendste eschatologische Sure des Korans, deren archaische Formulierungen dem Inhalt vollkommen entsprechen. Die eschatologischen Lehren sind, nimmt man Koran und Überlieferung zusammen, zu einer endzeitlichen großen Erzählung geworden, die den Vergleich mit der Apokalypse des Johannes durchaus aufzunehmen vermag.

Die Endzeit beginnt mit dem Erscheinen des Anti-Christ, des Daddschal, der im Koran nicht erwähnt wird, aber der Tradition wohl bekannt ist. Der Daddschal ist ein Verführer, der durch geschicktes Gleißnertum die Menschen täuschen und für sich einnehmen kann. Sie bemerken gar nicht, wie sie irregeführt werden, und wähnen sich sogar im Recht. Manche Autoren der Tradition entwerfen Bilder des Daddschal, einmal hat er rote Haare, ein andermal ist er voluminös fett. Seine Herrschaft wird durch Jesus (Isa) beendet, der auf einem der Minarette der Großen Moschee von Damaskus erscheint und auf die Welt zurückkehrt, um ein kurze Zeit herrschendes Reich des Friedens und der Gerechtigkeit zu errichten. Auch der Mahdi, der Rechtgeleitete, erscheint. Entweder er oder Jesus töten letztendlich den Daddschal.

Am Ende verkünden zwei Posaunenstöße das Ende der Welt und der Zeit. Das Jüngste Gericht bricht herein. Hier treffen wir auf gewissermaßen heimische Vorstellungen, denn Strafe und Lohn im Jenseits (al-achira), im Paradies (al-dschanna) oder in der Hölle (al-dschehenna) sind uns wohlvertraut. Scharf und dünn ist die »gerade Straße oder Brücke« (al-sirat al-mustaqim), über die man schreiten muss, will man das Paradies erreichen. Doch der Sünder stürzt hinab in die Hölle. Dort erwartet ihn das Feuer (al-nar). Das Paradies nun wird im Koran in jenen lebendig-sinnlichen, konkreten Bildern geschildert, die jeder Orientale sofort versteht und die von Nicht-Muslimen, meistens den Christen, immer als besonderes Skandalon empfunden worden sind. Es heißt da in Sure 18, Vers 31: »Sie sind es, die Gärten der Ewigkeit besitzen werden, durch welche Ströme fließen. Darin werden sie geschmückt sein mit Armspangen von Gold und gekleidet in grüne Gewänder aus feiner Seide und Brokat, darin lehnend auf erhöhten Sitzen ...« Und in Sure 37, Vers 48, heißt es: »Und bei ihnen werden Jungfrauen (Huris) sein, züchtig blickend aus großen Augen ...« Nur manche Mystiker des Islams haben sich die Paradiesesfreuden als rein geistig vorgestellt. Ansonsten herrschen ganzheitliche Vorstellungen, in denen der jenseitige Lohn durch Aspirationen der Sinnlichkeit vermittelt wird.

Die Eschatologie der Schiiten wird geprägt von ihrer Imamologie, die bei den Sunniten unbekannt ist. Der verschwundene zwölfte Imam, Muhammad al-Mahdi, ist die Zentralfigur der schiitischen Endzeiterwartung. Er, ein leiblicher Nachkomme des Propheten über dessen Vetter und Schwiegersohn Ali Ibn Abi Talib, wurde im 9. Jahrhundert in die Große Verborgenheit entrückt, aus der er zurückkehren wird, um das gerechte Friedensreich zu erbauen. Er ist der verheißene Paraklet, der wiedergekehrte Hussein der Aliden. So jedenfalls die Auffassungen der Zwölfer-Schiiten. Vor allem bei den »häretischen« schiitischen Sekten, deren Heraufkunft aufs Engste mit den Siebener-Schiiten (sab'ija) und dem Ismailitentum verknüpft gewesen ist, haben endzeitliche Erwartungen eine wichtige, bisweilen sogar sozialrevolutionäre Rolle gespielt. Sie tun das bis heute.

Warum haben wir hier dem Eschaton so eine große Bedeutung beigemessen? Der Grund ist, dass es für die Rhythmen der islamischen Geschichte, den Tarich, eine ähnlich zentrale Stellung einnimmt wie für die Geschichte des »Westens«, mit bemerkenswerten Unterschieden allerdings, auf die ich noch zurückkommen werde. »Westliche« Geschichte steht seit Beginn des Christentums (einer ursprünglich »orientalischen« Religion) unter dem Zeichen der Eschatologie. Endzeit und Reich Gottes waren ja das gewesen, was Johannes der Täufer und schließlich Jesus selbst verkündet hatten. Nach dem heiligen Ereignis des Christentums, nämlich Tod und Auferstehung des Jesus von Nazareth, und dem Ausbleiben der eschatologischen Prophezeiung stand die christliche Kultur gleichwohl immer unter eschatologischer Erwartung, die sich seit dem Mittelalter immer wieder mit weltlichen, das heißt sozialen und politischen Entwicklungen, verband. Dies ist viele Male untersucht worden. Zuletzt hat Jacob Taubes in seiner »Abendländischen Eschatologie« beschrieben, wie jüdisch-christliche Apokalyptik – sei es in ihrer orthodoxen, sei es in ihrer gnostischen (»häretischen«) Ausprägung – die abendländische Geschichte zwischen Heilserwartung, Metaphysik und gänzlich verweltlichter Eschatologie in den modernen Fortschritts-Ideologien geprägt und gezeichnet hat. Wir werden sehen, dass vor allem die Total-Verweltlichung des Eschatons im Islam – anders als im Westen – bis heute nicht stattgefunden hat.

Von einer Einheit zur Vielfalt

Eingespannt zwischen den Punkt Alif und den Punkt Ya (in westlicher, biblischer Terminologie Alpha und Omega) verläuft der Tarich bis heute nach zwei überragenden Rhythmen: Von der ursprünglichen Einheit zur Vielfalt (Partikularismus) und – innerhalb dieses Grundprinzips – als Kreislauf; und zwar sowohl auf den Gebieten der Kultur wie der »staatlichen« Ordnung. Freilich muss man sehen, dass dies mit den religiösen Lehren des Islams wohl noch am wenigsten zu tun hat, sondern mit Faktoren außerhalb der Verkündigung und Lehre des Propheten.

Wenn ich von Rhythmen rede, meine ich damit keine Geschichtsgesetze. Spätestens seit dem Zusammenbruch der kommunistischen Welt und dem »Ende des Marxismus« ist deutlich geworden, auf welch tönernen Füßen alle Geschichtsphilosophien stehen, die an so etwas wie Geschichtsgesetze glauben. Solche Gesetze gibt es offenkundig nicht.

Sollen wir deshalb darauf verzichten, Geschichte verstehen, interpretieren und deuten zu wollen? Selbst wenn wir zu dieser Einsicht kämen, könnten wir das nicht, denn auch das Erkennen historischer Zusammenhänge ist uns von der Vernunft sozusagen aufgegeben. Angesichts der Gefahren, welche ideologische Voreingenommenheiten und subjektive Anschauungen darstellen, bleibt allerdings Vorsicht geboten. Am radikalsten hat dies Theodor Lessing in seinem Werk »Geschichte als Sinngebung des Sinnlosen« herausgearbeitet. Lessing war radikaler Nominalist, für den auch die Geschichte eine ganz und gar dingliche Erscheinung ohne Wesen (»Essenz«) gewesen ist. Geschichte ist das Hinein-Lesen (oder Herauslesen) von so genannten kausalen Zusammenhängen nach vornehmlich subjektiven, individuellen, glaubensmäßigen oder patriotischen Vorgaben, ganz zu schweigen von historischen Zufällen, die der menschliche Verstand zu tiefer Sinnhaftigkeit umdeutet, ja – mit Nietzsche gesprochen – umlügt. Lessings Auffassung bildet den Gegenpol zu Hegel, dessen Geschichtsphilosophie man mit Lessing als metaphysischen Realismus bezeichnen kann, wobei Hegels Dialektik die Geschichte, streng genommen, noch nicht einmal nach vorne offen sein lässt, sondern teleologisch in seiner eigenen Zeit enden lässt. Hier ist das Wirkliche, das dialektisch Gewordene, zwanghaft vernünftig, und das Vernünftige ist zwanghaft wirklich. Tatsächlich kann Hegels Philosophie als die Mutter vieler ideologischer Systeme der Geschichte angesehen werden. Freilich muss man gerecht sein gegenüber Hegel, denn er wollte verstehen, wie das, was ist, geworden war. So bot sich als Ausgangspunkt genau dieses an, das Gewordene in seinem Geworden-Sein; von einer Zukunft konnte er schlecht ausgehen. Wie das »Naturding« für den Naturwissenschaftler, so war für ihn der geschichtliche Augenblick in seinem Geworden-Sein das Gegebene, von dem man ausgehen musste. Die Gefahr eines gigantischen Zirkelschlusses ist freilich groß, und man hat Hegel vielfach gescholten.

Zwischen dem Nominalisten Lessing und dem Realisten Hegel hält Wilhelm Dilthey die Mitte. Auch er ist Lebensphilosoph, wie Lessing, doch sieht er das Leben weniger dinglich und chaotisch als dieser. Die Geschichte ist für ihn die zentrale Wissenschaft der Geisteswissenschaften, wobei sein Begriff von Geschichte den herkömmlichen der Ereignisgeschichte, wie er bei Lessing zu überwiegen scheint, vielfältig ausdifferenziert und überwölbt. Dilthey wird so zum Vater einer modernen Geschichtsschreibung, die jenseits der Ereignisgeschichte zahlreiche andere Faktoren der Geschichte mit berücksichtigt. So wird es immerhin möglich, Entwicklungszusammenhänge, die keine Gesetze sind, herauszufinden und darzustellen. Von dort aus kann man weiterschreiten zur Analogie oder zu Rhythmen der Geschichte, die freilich auch durch Rhythmusstörungen unterbrochen werden können, so dass sich niemals ein wirklich Ganzes im Sinne geschlossener Theorie ergibt. Mehr kann Geschichte als Deutung und Verstehen wohl nicht leisten. In diesem Sinn wollen wir hier von Rhythmen sprechen, wohl wissend, dass die von Lessing gebrachten Einwände gegen jede selbstgewisse Erkenntnis der Geschichte auch im Islam schwer wiegen.

Der erste Rhythmus bezeichnet den Weg von der Omajjaden-Dynastie und ihrer Herrschaft, das heißt dem Aufbau einer auch staatlich einheitlichen Umma, zur gegenwärtigen Staatenwelt des Islams, die zersplittert ist. Dies darf nicht missverstanden werden. Was hier als partikularistischer Rhythmus erscheint, soll nicht als reine Verfallsgeschichte interpretiert werden. Zwar mögen orthodox orientierte Muslime dies so empfinden, doch ist unser Standpunkt ein erkenntnismäßig-neutraler. Von diesem Partikularismus zu trennen ist ja die unbestrittene Existenz der Umma, der Gemeinschaft der Gläubigen, die im Einzelnen davon unberührt bleiben mag. Lediglich Erkenntnis oder zumindest das Streben nach ihr soll hier der ideologischen Voreingenommenheit, die gerade aus den Verschwörungstheorien spricht, entgegengesetzt werden.

Betrachten wir den Tarich aus der Perspektive der Staatlichkeit, so war die Einheit der Umma für einen kurzen, kaum einige Jahre währenden Zeitpunkt gegeben. Nach dem Tode des Propheten breitete sich die islamische Herrschaft im Zeitalter der großen Eroberungen (al-futuhat) explosionsartig aus. Namentlich damit verbunden sind die vier rechtgeleiteten Kalifen sowie das Herrscherhaus der Omajjaden, das für wenige Jahre zentralistisch ein Gebiet kontrollierte, das seit 711 von Andalusien bis nach Mittelasien (ma wara' al-nahr) reichte. Für wenige Jahrzehnte war die ideale Einheit der Umma, spirituell wie politisch, ein Faktum. Die Omajjaden-Dynastie erlosch im Jahre 750, als die mit den Banu Umajja rivalisierenden Abbasiden erfolgreich nach der Macht griffen. Der letzte Überlebende der Omajjaden konnte sich auf abenteuerliche Weise retten und nach einer Irrfahrt von etwa fünf Jahren in Al Munecar an der andalusischen Küste an Land gehen. Er schuf den Keim zum spanischen Omajjaden-Kalifat, das den Abbasiden, die in Bagdad die

Herrschaft ergriffen hatten, auf glanzvolle Weise Paroli bot. Spätestens damit war es um die politische Einheit der Umma, repräsentiert in einem einzigen Kalifat, dahin.

Es wäre nun verlockend, diesen Rhythmus der allmählichen Auflösung ursprünglicher Einheit in Vielheit bis hin zur zeitweiligen Zersplitterung als Implosion darzustellen. Der raschen Explosion nach außen zum Weltreich entspräche eine Implosion nach innen, die als Resultat einer Überdehnung des Herrschaftsgebietes erklärt werden könnte. Doch so einfach ist das nicht. Gewiss stellt die territoriale Überdehnung ein Element dieses historischen Rhythmus dar, da das Reich an Grenzen stieß, die von der Zentrale Damaskus aus nicht mehr zu kontrollieren waren. So lässt sich beobachten, dass gerade die Grenzregionen schon früh unsichere Kantonisten blieben, mit unruhigen Grenzen im Westen gegen die Franken (Christen), im Osten gegen die Turko-Mongolen. Der Kalif war weit und die Versuchung der Grenz-Befehlshaber, ihre eigenen Machtspiele zu betreiben, groß. Doch dem Abbröckeln der Kalifen-Macht von der Peripherie her entsprach deren Erosion auch in den Provinzen, die näher am Zentrum lagen: Ägypten, Syrien, in Ost-Iran, dann im Maghreb, schließlich am Golf und in Mittelasien. Lokale Dynastien schossen wie die Pilze aus dem Boden, und die meisten konnten sich sogar behaupten: die Ichschididen, Tuluniden und viele andere. Dieser Prozess partikularistischer Auflösung verstetigte sich in jenem Maß, in dem – etwa seit dem 10. Jahrhundert – auch die Zentralgewalt der Abbasiden von Bagdad zerfiel. Je schwächer die Zentralgewalt wurde, desto mehr erstarkten die lokalen Dynastien. In den letzten zwei Jahrhunderten seiner Herrschaft war das Haus der Abbasiden so sehr zerrüttet, dass an seiner statt frische Kräfte wie die Bujiden, danach die Seldschuken als wirkliche Machthaber in Bagdad fungierten, während der Abbasiden-Kalif nur noch den Namen für dieses grausame Spiel hergab. Er war eine Art Schattenherrscher. So waren es auch schon im Wesentlichen die lokalen Dynastien, die den Kampf gegen Eindringlinge von außen, etwa die christlichen Kreuzfahrer, führten. In Syrien das Haus der Zengiden, in Ägypten die Fatimiden, danach die Ajjubiden unter dem berühmten Sultan Saladin. In al-Andalus hatten sich die abtrünnigen Omajjaden von Cordoba selbständig gemacht, ein eigenes Kalifat begründet und führten dort die Auseinandersetzung mit der christlichen Reconquista.

Über den Rhythmus, dem die lokalen Dynastien folgten, soll später noch etwas gesagt werden. Zunächst wollen wir noch kurz auf jene häretischen Bewegungen eingehen, welche die Aufspaltung des Kalifats in örtliche Dynastien überlagerten. Die wichtigste von ihnen waren die Fatimiden. Diese im südlichen Zweistromland entstandene, später nach Syrien verlagerte und von dort nach Nordafrika gelangte ismailitisch-schiitische Häresie fasste im heutigen Tunesien Fuß, wo sie ihre Hauptstadt al-Mahdia gründete. Die nach Fatima, der mit Ali Ibn Abi Talib verheirateten Tochter des Propheten, genannte Dynastie eroberte Sizilien und den größten Teil Nordafrikas, bis sie schließlich im Jahre 969 unter dem Feldherrn Dschauhar dem Sizilianer auch Ägypten überrannte. Die Fatimiden eroberten al-Fustat und gründeten daneben al-Qahira (die Siegreiche), ihre neue Hauptstadt, das heutige Kairo. In Ägypten, das auch über die heiligen Stätten der Muslime, Christen und Juden herrschte, kam die Ausbreitung der Fatimiden zum Stehen, obschon der religiös-politische Gegensatz zu den Abbasiden erhalten blieb. Zeitweise waren die Fatimiden, besonders jedoch die ismailitisch-terroristische Sekte der Assassinen, eine wirkliche Bedrohung für das sunnitische Kalifat. Doch der Druck aus dem Westen erfuhr Gegendruck aus dem Osten. Von dort sorgten die türkischen, gerade erst zum Islam bekehrten Stämme dafür, dass das Sunnitentum den Ansturm des »häretischen« Schiismus abwehren und wieder in die Offensive gehen konnte. In einer großen Zangenbewegung unterwarfen zunächst die Seldschuken, später deren Vetter, die Osmanen, den größten Teil des Kernraumes des Islams – mit der Ausnahme Irans und des äußersten Westens – und stellten die Herrschaft der »rechtgläubigen Orthodoxie« wieder her.

All diese Machtverschiebungen und Rhythmen haben wenig bis nichts mit westlichen Machenschaften zu tun. Sie sind voll und ganz Bestandteile des Tarich, gründen auch in der religiös-politischen Unentschiedenheit, welche die junge Gemeinde des Islams schon beim Tode des Propheten gekennzeichnet hatte. Schließlich darf ja auch der Machtwille der »großen Einzelnen« nicht vernachlässigt werden, der sich allenfalls »islamisch« umkleidete. Sie nutzten die vorgegeben geographischen, ökonomischen und politischen Bedingungen aus, um ihren eigenen Aspirationen auf die Macht gerecht zu werden.

Die Kreuzzüge, ein Ereignis, das von den heutigen Islamisten über Gebühr in den Vordergrund geschoben wird, waren Teil dieses Aufeinanderpralls verschiedener örtlicher wie regionaler Bestrebungen und Rhythmen, nicht mehr. Anders als in der mittelalterlichen Christenheit, wo sie das zentrale historische Ereignis ausmachten, bildeten sie in der Geschichte des mittelalterlichen Islams nur eine von vielen Ereignisketten, nach zweihundert Jahren (extensiv gerechnet) war dieser Spuk schon wieder vorbei. Als die christlichen Ritter merkten, dass ihre Tage im Heiligen Land gezählt waren, machten sie sich wieder davon. Und trotz des Blutbades von 1099 in Jerusalem und anderer Schlächterein in einer an Kriegen nicht gerade armen Zeit – die fast tödliche Bedrohung des Islams kam von anderer Seite: aus dem fernen Osten.

Nicht die Kreuzfahrer, sondern die Mongolen aus den fernen Steppen und Halbwüsten des östlichen Mittelasiens waren es, die dem altehrwürdigen Kalifat der Sunniten zu Bagdad sein klägliches Ende bereiteten. 1258 eroberte Hülägü die alte abbasidische Hauptstadt und türmte dort Schädelpyramiden zuhauf. Der letzte Herrscher, al-Mustasim, wurde in einen Sack gesteckt und zu Tode geprügelt, weil die mongolische Yasa, das Gesetz, vorschrieb, dass das Blut von Herrschern nicht vergossen werden durfte. Der Mongolensturm war die eigentliche Katastrophe für den klassischen Islam, denn seine Zerstörungen und Verheerungen sind in Teilen des östlichen Irans, aber auch in Mittelasien noch heute zu erkennen. Die Muslime haben dies nur verdrängt, weil die Mongolen schließlich doch zum Islam übertraten und die Ilchan-Dynastie mit ihrem Sitz in Täbris etablierten. Zuvor jedoch waren ihre Heere bis in das Innere Anatoliens und bis nach Palästina vorgedrungen. Sie hätten ohne Zweifel auch Ägypten – und damit das letzte Herzland des Islams – erobert, wenn ihnen die gerade erstarkten Mamluken nicht am Goliathsquell, in der Schlacht von Ain Dschalut im Jahre 1264, Einhalt geboten hätten. Auch die Mamluken, die (später unter osmanischer Souveränität) bis zum Einfall Bonapartes in Ägypten herrschen sollten, waren ein im weitesten Sinne »türkisches« Element, setzte sich diese Militär-Kaste doch aus Kampf-Sklaven zusammen, die man im Kaukasus und in den Steppen der Nogaier und des Kiptschak »zum Eigentum genommen« hatte – dies die eigentliche Bedeutung des Wortes »mamluk«.

Wir können hier nicht den Ablauf des Tarich mit allen seinen Dynastien und lokalen Fürstentümern nacherzählen. In die Neuzeit jedenfalls trat der Islam mit einigen Großreichen, wie dem Osmanischen und dem Mogulreich, ein. Hinzu kamen die Emirate in Mittelasien (Buchara, Chiwa, Kokand), das Safawidenreich in Iran, das Imamat im Jemen und das alawitische Königreich in Marokko. Zu großen Teilen durch jahrhundertealten Partikularismus geschwächt, konnte die islamische Welt relativ leicht zum Opfer auswärtiger Mächte werden. Den Anfang machte damit, wir wissen es, Bonaparte mit seiner spektakulären Besetzung Ägyptens. Was daraus folgte, beschäftigt den Westen wie den Orient noch heute.

Die Kreisläufe des Ibn Khaldun

Zunächst müssen wir noch etwas zu jenen Rhythmen sagen, denen Aufstieg und Fall lokaler Herrschaften gehorchten. Niemand hat darüber Erhellenderes geschrieben als der große Geschichtsdenker Abdal Rahman Ibn Khaldun, geboren 1332 in Tunis, gestorben 1406 in Kairo. Ibn Khaldun, Berber von seiner Herkunft, ist der erste Geschichtsphilosoph überhaupt, der seine Gedanken über den Verlauf und über die Rhythmen der Geschichte auf lebenslange empirische Forschungen in seiner politisch-gesellschaftlichen Umwelt stützte. Er kommt zu dem Ergebnis, dass es keine übernatürlichen Mächte sind, die das Rad der Herrschaften und den Wechsel der Dynastien in Bewegung bringen, sondern natürliche Ursachen. In Ibn Khalduns Augen sind die menschlichen Gesellschaften – und der Mensch ist ein zutiefst geselliges Wesen, weil er alleine und nur auf sich gestellt nicht überleben könnte – komplexe Phänomene, die auf der Grundlage von Umwelt, Klima und anderen Bedingungen sozialen Gesetzen gehorchen. Diese sozialen Gesetze sind eine Mischung von materiellen und geistigen, psychologischen Faktoren. Zusammengehalten werden sie durch ein konstitutives Grundelement der Gesellschaft, das bei Ibn Khaldun »al-asabija« genannt wird und schwer messbar ist. Die asabija ist eine Art Wir-Gefühl, ein innerer Kitt der Gesellschaft, der sie zusammenhält. Wird die asabija schwächer, wird auch die Gesellschaft schwächer. Geht sie ganz verloren, ist auch diese Gesellschaft verloren. Das Aufgeben der asabija ist nämlich gleich bedeutend mit der Dekadenz. Ist eine Gesellschaft, zum Beispiel durch das Wohlleben, dekadent geworden, wird sie das Opfer frischer, unverbrauchter Kräfte, die die Macht übernehmen und die Elemente der Dekadenz hinwegfegen. An dieser Stelle nun kommt bei Ibn Khaldun der Wechsel von Nomadentum und Sesshaftigkeit ins Spiel. Kultur ist natürlich eine Erscheinung der Sesshaftigkeit. Im Abstand von drei oder vier Generationen kommt es dahin, dass eine sesshafte Kultur ihre Klimax überschreitet und verfällt, woraufhin die Beduinen aus der Wüste in die Stadt eindringen, die bisherigen Herrscher stürzen und sich an ihre Stelle setzen. Diesen Dynastien-Reigen von Aufstieg und Verfall konnte Ibn Khaldun sehr gut anhand der Geschichte der Berber-Dynastien Nordafrikas, etwa der Almoraviden und Almohaden, aber auch anderer Regionen der islamischen Welt studieren.

Als Summe kann man sagen, dass Ibn Khaldun – wenn auch gekleidet in die Formen seiner Zeit und Umwelt – gewiss einen der Rhythmen erkannt hat, der die Geheimnisse des Tarich, der islamischen Datierung, für lange Zeit zu verstehen half. Erst der Anbruch der Moderne mit seinen der Wüste und dem Menschen insgesamt nicht mehr adäquaten Massenvernichtungswaffen, dazu der Niedergang des Nomadentums haben Ibn Khalduns Entdeckungen teilweise obsolet gemacht. Sie bleiben jedoch wertvoll als große Theorie des zu Analogien führenden Kreislaufs der Kulturen, an dessen Stelle noch nichts Besseres gesetzt werden konnte, außer man behauptet, die Geschichte sei generell ein sinnloses Chaos. Inwieweit Ibn Khalduns Erkenntnisse dazu beitragen können, auch moderne Geschichte zu verstehen, soll hier nicht erörtert werden.

Wir sagten, dass es bei Ibn Khaldun frische, unverbrauchte Kräfte sind, die eine dekadente Herrschaft ablösen. Hier kommt natürlich die Religion wieder ins Spiel. Die von uns zu Beginn dieser Betrachtung skizzierten eschatologischen Vorstellungen, etwa die einer Mahdi-Figur, spielen natürlich in der Propaganda der künftigen Überwinder der Dekadenz eine wichtige Rolle. Seit den frühen Tagen des Islams traten immer wieder Prediger auf, um im Namen der göttlichen Gerechtigkeit ('adl) für eine bestimmte Gruppe von Gläubigen nach der Macht zu greifen. Die Zahl dieser Mahdis und »Verschleierten«, die aus dem Raum des Geheimnisses kommen, ist Legion. Der islamische Tarich zeigt hier dieselben Phänomene wie das christliche Abendland: dass sich das Eschaton dem Wunsch nach Gerechtigkeit vermählt, durchaus irdischer Gerechtigkeit, die der Islam als besonders wichtig ansieht. Im weitesten Sinne soziale Ursachen sind es, die immer wieder religiös motivierte »Revolutionäre« auf den Plan rufen. Das reicht von der scheinbaren oder wirklichen Diskriminierung der so genannten Neubekehrten (mawali) bis hin zu Aufständen verarmter Massen im Bagdad der Abbasidenzeit. Als religiöse Kultur, deren Stifter Prophet und Staatsmann war, als Zivilisation, deren Herrscher weltliche wie geistliche Gewalt zu repräsentieren beanspruchten (ein Papst ist dem Islam unbekannt), kennt der Tarich soziale Unruhen nur im religiösen Gewande. Bis weit in die Neuzeit hinein war dies auch im christlichen Abendland der Fall, so lässt sich etwa der Dreißigjährige Krieg nur einigermaßen verstehen, wenn man diese Bindungen und Wirkungszusammenhänge durchschaut. In Europa setzte damals freilich schon zaghaft eine Säkularisierung des Eschatons ein, die der Islam nicht erlebt hat. Wir werden darauf noch zurückkommen.

Für die Politisierung des Eschatons im Islam lassen sich mancherlei Strömungen und Bewegungen anführen, die das Gemeinte illustrieren. Vor allem unter heterodox schiitischen Vorzeichen haben immer wieder einmal sozialreformerische, gleichmacherische Ideen von sich reden gemacht. Dies galt ja schon für die Fatimiden und die aus ihnen hervorgegangenen Qarmaten, die kommunistischen Vorstellungen von Gleichheit und Gütergemeinschaft huldigten, obschon sie sie nicht verwirklichten, als sie selbst an der Macht waren. Im Ägypten der Fatimiden war das Ismailitentum zwar die herrschende Lehre, doch die Bevölkerung blieb zum größten Teil sunnitisch orthodox. In ihrem sozialrevolutionären Gehalt ernster zu nehmen waren die Aufstandsbewegungen im frühen Osmanischen Reich. Etwa der Aufstand des berühmten Scheichs Bedrettin, der mit seinen Verbündeten Börklüce Mustafa und Torlak Kemal Tausende Anhänger unter der Bauernbevölkerung des Balkans und West-Anatoliens um sich scharen konnte. Sultan Mehmet I. musste die geballte Kraft seines Reiches aufbieten, um diesen heterodoxen Aufstand zwischen 1413 und 1420 niederzuschlagen. Bedrettin, eine bis heute in der Türkei populäre Figur, deutete die eschatologischen Vorstellungen des Korans sinnbildlich, im Sinne der Einheitsmystik eines Ibn Arabi. Im Namen dieser Einheitslehren forderte er eine Gerechtigkeit, die zuvörderst in der Beseitigung der sozialen Ungleichheit ihr Ziel sehen sollte. Dieser Aufstand war für die sunnitisch-orthodoxe Osmanen-Dynastie, die gerade erst den Mongolensturm unter dem lahmen Timur überstanden hatte, eine tödliche Bedrohung. Als drittes Beispiel sei der berühmte Mahdi-Aufstand im Sudan erwähnt, der mit dem heterodoxen Islam der Schiiten nicht das Geringste zu tun hatte, aber ebenfalls das Eschaton wirksam politisierte. Ein religiöser Grübler namens Muhammad Ahmed aus Dongola erklärte sich zu Beginn der achtziger Jahre des 19. Jahrhunderts zum »Rechtgeleiteten und Erwarteten«, dem Mahdi al-muntazar. Er sei gekommen, um die korrupten fremden Herrscher aus dem Sudan zu verjagen, die Ägypter, den Sultan und auch die hinter ihnen stehenden Engländer.

Der Ablauf dieser lokalen Episode, die gleichwohl die Welt des Islams aufwühlte, ist bekannt: Der Mahdi des Sudans hatte zunächst unerwartete Erfolge, die seinen Ruf als eschatologischer Befreier zu rechtfertigen schienen. Er besiegte türkisch-ägyptische und englische Heere, eroberte um die Wende des Jahres 1884/85 die Hauptstadt Khartum-Omdurman und tötete deren Gouverneur, den Engländer Gordon Pascha. Kurz darauf starb der Mahdi, was die gesamte Bewegung erstaunlicherweise nicht zusammenbrechen ließ. Seinem Nachfolger und »Kalifen« gelang es immerhin, den Staat der Mahdisten noch länger als ein Jahrzehnt am Leben zu erhalten. Erst die Briten unter Führung Lord Kitcheners, des Sirdar, bereiteten ihm in der Schlacht von Omdurman 1898 sein endgültiges Ende.

Zu diesem Zeitpunkt waren die Muslime fast überall nicht mehr die Herren des Tarich. Ihr Partikularismus, der sie von Anfang an begleitet hatte, hatte sie schon zuvor so sehr geschwächt, dass die westlichen Mächte mit ihren politischen Intrigen und militärischen Unternehmungen relativ leichtes Spiel hatten bei dem Bemühen, die Länder des Islams in ihre eigene Machtsphäre zu integrieren. Dies freilich setzte einen Widerstand in Gang, der den Partikularismus zugunsten der Einheit wieder beenden wollte und doch vorläufig das gerade Gegenteil erreichte.

Heute existiert eine islamische Staatenwelt, die ungefähr fünfzig unabhängige Staaten umfasst. Dazu gehören 22 Staaten der Araber, deren Protagonisten in vielen Fällen etwas ganz anderes angestrebt hatten. Die moderne Ideologie des Arabismus hatte die Absicht gehabt, alle Araber unter einer nationalen Fahne zu vereinigen, zwischen dem Atlantik und dem Indischen Ozean. Dies war als Befreiungs-Ideologie gedacht gewesen, zunächst gegen die Türken, dann gegen die Kolonial- und Mandatsmächte, vornehmlich Großbritannien und Frankreich. Doch die nationale Befreiung sollte unlösbar gekoppelt sein mit der Revolution (thaura), einem neuen Begriff in der Sprache Arabiens ebenso wie des Islams. Revolution hieß Modernisierung und (im weitesten Sinne) Sozialismus (ischtirakija) als gerechte Teilhabe.

Als Hefe des nationalen Befreiungskampfes hat der Arabismus – wie andere vergleichbare Bewegungen innerhalb der islamischen Welt – seine Aufgabe erfüllt. Arabien erlangte die Unabhängigkeit. Doch die Einheit erwies sich als Illusion. Sie ist ein ideologisches Konstrukt wie der arabische oder islamische Sozialismus. Beide Ansätze stammen nicht aus der Region selbst, sondern sind Importe aus dem nicht-muslimischen Ausland. Sie gehören, streng genommen, gar nicht zum Tarich, haben sich nicht organisch oder selbständig aus seinen Ereignisketten und Entwicklungszusammenhängen entfaltet. Der Unterschied zur europäischen (»abendländischen«) Geschichte könnte größer nicht sein. Denker wie die des deutschen Idealismus, dazu Marx, wurden von arabischen Intellektuellen wie Sati al-Husri, Salama Musa oder Michel Aflaq rezipiert und auf die arabisch-islamische Welt übertragen. Mit dem Islam hatte dies fast gar nichts zu tun, was schon aus der Tatsache erkennbar wird, dass kaum einer dieser orientalischen Denker ein Muslim war. Die meisten waren Christen. Die modernen Ideen über Staat und Gesellschaft, in der westlichen Kultur entwickelt, ruhen auf dem Fundament einer radikalen Verweltlichung, die viele Male als »Hereinnahme des biblischen Eschaton in das Diesseits« interpretiert worden ist. Die jenseitige Apokalyptik – hier sind wir wieder bei dem eingangs erwähnten Jakob Taubes – wird zur immanenten Befreiung, und zwar in zwei geistesgeschichtlichen Strängen: einem gemäßigten, der im bürgerlich-demokratischen Staat endet, und einem radikalen, der aus der gnostischen Denunzierung der Schöpfung als dem absolut Sündigen und Bösen hervorgeht. So jedenfalls kann man revolutionäre Denker wie Marx deuten, die sich nicht mit Reform begnügen wollen, sondern alles vom Kopf auf die Füße stellen wollten.

Im Islam nun hat es diese Verweltlichung des Eschatons niemals gegeben, nur, wie wir gesehen haben, seine Politisierung in sozialen Bewegungen. Eine Einheit auf dieser Grundlage, die eindeutig westlich definiert ist, musste scheitern. Es ist alles andere als Zufall, dass heute wieder stärker unter dem Vorzeichen der islamischen Umma nach Einheit gestrebt wird. Dies erscheint denn auch prompt aussichtsreicher als das Einheitsstreben aufgrund rein weltlicher Ideologien. Gleichwohl wird auch die Einheit des Islams angesichts der partikularistischen Rhythmen seiner Geschichte nichts sein als eine platonische Universalie, das heißt ein mit Bedacht aufrechterhaltener Essentialismus. Etwas anderes können sich auch die Fundamentalisten gar nicht vorstellen.

Man mag heutzutage die Künstlichkeit der Staatenwelt im Islam beklagen. Doch dies bedeutet noch nicht, an die Machbarkeit der Universalismen zu glauben. Manches hat die Geschichte in den vergangenen Jahrzehnten zurechtgerückt. Man denke nur an die Trennung von Ost- und Westpakistan 1973 in die beiden Staaten Bangladesh und Republik Pakistan. Hier haben sich Einheiten selbständig gemacht, die nach Ethnie, Sprache und Brauch viel zu unterschiedlich sind, als dass der Islam und sein geglaubter traditioneller Essentialismus sie über einen geographischen Graben von zweitausend Kilometern hinweg hätte auf Dauer verbinden können. Der Nationalstaat Ägypten lebt von der Einheit des Niltales seit den Pharaonen, der Nationalstaat Irak von derselben Einheit seit den Sumerern. Die Türkei herrscht über das anatolische Parallelogramm, Saudi-Arabien über das Innere und die Ränder der Arabischen Halbinsel – alles Einheiten dies, die ihre eigenen Rhythmen in der Geschichte, hier im Tarich des Islams, hatten. Der Islam hat auch nicht verhindert, dass sich im arabischen Maghreb eigene Rhythmen und Strukturen entwickelten, die jedem aufmerksamen Beobachter sofort sinnenfällig werden. Es sind die vom Islam und gewissen Formen der Arabija überlagerten Fundamente des Berbertums, die aus dem Maghreb bis heute eine Region sui generis machen. Andere Elemente kommen hinzu. Die Blickrichtung der Tunesier nach Norden schuf andere Bilder der schöpferischen Phantasie als die Blickrichtung der Omanis nach Osten und Süden, in den Indischen Ozean hinein und die Regionen jenseits davon. Die Blickrichtung der Kultur ist jedoch der imaginäre Strahl, auf dessen Substanz sich der konstruktive Geist des Menschen bewegt, als Forscher, Kaufmann, Militär, Politiker. Nur der Künstler und der Philosoph schauen stationär nach innen, weshalb sie auch nicht expandieren. Ihr Wachstum vollzieht sich auf andere Weise und in anderen Dimensionen, die man als monadisch bezeichnen könnte.

Die heutige Staatenwelt des Islams spiegelt wegen der Eingriffe der Kolonialisten nur auf eingeschränkte Weise historische Rhythmen und Strukturen wider. Aber immerhin sind solche Strukturen, die mit der Auflösung des historischen Kalifats begannen und auch damals schon ihre (vorislamischen) Voraussetzungen hatten, auszumachen. Die Muslime sollten die Grenzen, von gewaltfrei machbaren Korrekturen einmal abgesehen, so lassen wie sie heute sind.

Die eigene Historiographie

Es ist bemerkenswert, dass auch die Niederschrift des Tarich, die islamische Historiographie, im Großen und Ganzen dem Weg von der Einheit zur Diversifizierung, zur Vielfalt und Vereinzelung der Herrschaft folgt. Erst im 19. Jahrhundert versuchten islamische

Autoren wieder, eine islamische Universalgeschichte zu schreiben, etwa der Türke Namik Kemal mit seiner »Großen Geschichte des Islams« (Büyük Islam Tarihi, zuletzt Istanbul 1987). Am Beginn der konstitutiven Weltgeschichte unter islamischem Vorzeichen steht die berühmte Propheten-Biographie (sirat rasul Allah) des Ibn Ishaq in der Bearbeitung des Ägypters Ibn Hischam. Dieses Werk verweist schon auf das erste und zweite Jahrhundert nach der Stiftung des Islams. Schon viel früher jedoch setzte der Weg islamischer Historiker ein, der vom Keim der islamischen Umma zum Allgemeinen, dann jedoch wieder zurück zum Besonderen und Partikularen führte.

Bis heute führend sind in der Historiographie die frühislamischen Darstellungen eines Muhammad Ibn Omar al-Waqidi, eines Muhammad Ibn Saad und des berühmten Muhammad Ibn Dscharir al-Tabari. Der erste der drei Autoren, aus al-Medina stammend und 822 gestorben, widmete sich in seinem »Buch der Kriegszüge des Propheten« (kitab al-maghazi), den ersten Jahren des Tarich. Er schilderte die bewaffneten Auseinandersetzungen zwischen der jungen Gemeinde und den Mekkanern, die auf dem Prinzip der »Razzien« (ghazawat) gründete, das heißt jener bewaffneten Streifzüge, die unter den arabischen Beduinen üblich waren und von denen auch der Prophet als Taktik nicht abließ. Ignaz Goldziher (1850–1921), der berühmte ungarische Orientalist, bezeichnete es als »klassisches Werk der ersten Kriege des Islams«. Das Werk sei bei der Nachwelt so berühmt geworden, dass man es ergänzt habe. Es ist die Heldengeschichte der Muslime, auf der alles Folgende aufbaut. Ibn Saad ist dann jener Autor, der als Schüler des al-Waqidi das erste grundlegende Werk über die beiden ersten Jahrhunderte des Tarich zu Papier bringt, nach Studien im Hedschas und in Kufa im Irak schreibt er es in Bagdad, auf dem Höhepunkt der abbasidischen Herrschaft, nieder. Sein »Großes Buch der Klassen« (kitab al-tabaqat al-kabir) beschäftigt sich mit dem Leben und der Karriere der so genannten »Nachfolger« (tabi'un), ein Wort, das nicht ganz leicht zu übersetzen ist. Gemeint sind jene Leute, die dem Propheten und seinen ersten Genossen und Anhängern, den ashab, gefolgt sind – also ebenfalls Persönlichkeiten aus jener Zeit, da der Islam sich etablierte. Das Wort »tarich« als Geschichte und Datierung unter dem besonderen Signum einer neuen Offenbarung erscheint erstmals im Titel des epochalen Werkes von al-Tabari, eines Persers, der im Jahre 922 in Bagdad starb und in seinem »Buch der Geschichte der Propheten und Könige« (kitab tarich al-rusul wa al-muluk) die ersten drei Jahrhunderte des Islams in »klassischer und später nicht mehr übertroffener Weise« erzählte, wie Goldziher schreibt. Tabari gilt ihm als Vater der islamischen Geschichtsschreibung, zumal er sich auch penibel darum bemühte, für jedes von ihm geschilderte Faktum verlässliche Quellen zu entdecken und anzuführen. Wie sehr unsere Vorstellung von einer ganz eigenen Datierung und kulturstiftenden Geschichtsschau der islamischen Welt zutrifft, zeigt die Tatsache, dass Tabari sein Werk mit der Erschaffung der Welt beginnen und in seiner Zeit enden lässt. Tabari ist der Herodot des Islams. Eine bedeutende Ergänzung findet sein Werk durch al-Baladhuris »Buch der Eroberungen der Länder« (kitab futuh al-buldan), in dem die erstaunliche Ausbreitung des Islams in den ersten Jahrzehnten seiner Geschichte, gegliedert nach den geographischen Räumen, dargelegt wird.

Auf die allgemeinen Darstellungen des Tarich folgten später, analog dem Zerfall des Reiches, lokale Geschichtswerke, von denen hier nur ein kleiner Teil erwähnt werden kann. Diese Werke widmen ihr Augenmerk entweder einer Region, wie etwa dem Jemen, oder sie betrachten Aufstieg, Höhepunkt und Fall einer bestimmten islamischen Dynastie. Das gilt zum Beispiel für die Geschichte der Fatimiden von al-Maqrizi oder für die Geschichte der Mongolen in Iran von dem berühmten Raschid al-Din. Dies sind nur Beispiele aus dem kulturellen wie historischen Kernraum der islamischen Hochzivilisation. Es ist nur natürlich, dass auch eine so mächtige Dynastie wie diejenige der Osmanen ihre Geschichtsschreiber, bisweilen auch Lobhudler gefunden hat, so Aschikpaschazade, Mustafa Naima, Ibrahim Pecevi und andere. Manchen Herrschern des Islams wurde eine so große Verehrung zuteil, dass man alleine über ihre Taten historische Werke verfasste. Dies widerfuhr etwa Saladin, dessen Ruhm und Ruf schon im Mittelalter legendär gewesen sind.

Es wäre reizvoll, einmal einen Vergleich anzustellen zwischen »westlicher« und islamischer Geschichtsschreibung, die in einem Gelehrten und Denker wie Ibn Khaldun durchaus ihren Hegel hervorgebracht hat. Bei Ibn Khaldun erscheint Geschichte ebenfalls zentriert um den Ablauf der Herrschaften und Dynastien im dar al-Islam, so, wie sie bei Hegel und anderen »Westlern« eben um Europa zentriert ist. Allerdings haben die westlichen Historiker und Geschichtsphilosophen, zumindest in der Neuzeit, immer über die eigene Kultur hinausgegriffen und schließlich, obschon unvollkommen und eurozentrisch verzerrt, Weltgeschichten geschrieben. Einen vergleichbaren Ausgriff ins Universale, in die Länder der »Heiden« und »Ungläubigen«, hat es im Islam entweder gar nicht oder nur am Rande gegeben, etwa bei dem osmanischen Weltreisenden Evliya Celebi aus dem 17. Jahrhundert, der sogar Wien besuchte und darüber in seinem Seyahatname oder »Reisebuch« schrieb. Auch der berühmte Ibn Battuta aus Tanger gelangte im 14. Jahrhundert über den dar al-islam hinaus. Bis weit in das 19. Jahrhundert hinein wurde der Westen von den orientalischen Beobachtern allerdings nur sporadisch zur Kenntnis genommen, um wenig später umso drastischer und verstörender wahrgenommen zu werden. Da hatte man sich jedoch nicht auf ihn eingestellt. Das weltgeschichtliche Zurückbleiben des Islams zeigt sich in der isolierten Betrachtungsweise seiner Historiker und Annalisten.

Leider hat der jüngste Krieg im Irak gezeigt, dass die Muslime noch immer nicht Herren ihrer Geschichte sind. Wie immer man zu diesem Waffengang der Amerikaner und Engländer im Einzelnen stehen mag, es wurde deutlich, dass westliche Mächte sogar noch aussichtsreicher als zur Zeit der Kreuzzüge in der Region intervenieren und dem islamischen Orient den Stempel der Veränderung aufdrücken können. Damals war dies weniger eindeutig, ja in vielen Fällen war die Christenheit sogar der nehmende Teil. Genau diese immer größer werdende Kluft, die durch die Übernahme moderner Zivilisationsmittel nicht überbrückt werden kann, macht einen großen Teil, wahrscheinlich sogar den Kern der gegenwärtigen Krise und ihrer gefährlichen Verwerfungen aus.

Islam und Krise: Die große Demütigung

Jede auch nur halbwegs gründliche Betrachtung des Islams zeigt, dass er eine Religion und Kultur von ebenso »bodenloser« Tiefe ist wie andere Kulturen auch, so dass ein Eindringen in verschiedene seiner Ausformungen immer aufs Neue den Mangel anderer Aspekte und Perspektiven schmerzlich bewusst werden lässt. Eine umfassende, vollständige Darstellung des Islams ist so wenig möglich wie eine umfassende, vollständige Darstellung anderer Religionen und Kulturen, mag man auch Tausende und Abertausende von Seiten dafür verwenden und etliche Elemente mehr herausgreifen, als selbst in umfassenden Nachschlagewerken versammelt sind. All das bleibt im Grunde immer nur Annäherung und ist weiterer Erforschung gegenüber offen.

Im Jahre 1992, kurz nach dem Zusammenbruch des kommunistischen Blocks, erschien unter dem Titel »Das Ende der Geschichte. Wo stehen wir?« ein Werk des amerikanischen Denkers Francis Fukuyama. In ihm konstatierte der Autor – auf der Grundlage vor allem der Philosophie Hegels – den Sieg der liberalen Demokratie über die beiden totalitären Ideologien Faschismus und Kommunismus im 20. Jahrhundert und prophezeite das weitere Fortschreiten des Liberalismus, der liberalen Gesellschaft und ihres politischen Modells, das heißt der pluralistischen Demokratie, wie sie in der europäischen Aufklärung »vorgedacht« und schließlich in Amerika und großen Teilen Europas verwirklicht wurde. Zu diesem Modell von freier Marktwirtschaft und liberaler Demokratie, zur »offenen Gesellschaft« Karl Poppers gebe es keine vernünftige Alternative. Große Umwälzungen und Paradigmenwechsel werde es deshalb nicht mehr geben, sozusagen nichts »Großes«, nichts Umwälzendes mehr in der Geschichte.

Einstweilen hat Fukuyama mit seiner Vorhersage allerdings Unrecht gehabt. Zwar haben sich in Ostmitteleuropa nach dem Fall der Mauer neue Demokratien etabliert, doch schon in Osteuropa, etwa in der Ukraine, in Weißrussland oder Russland, sehen die Dinge anders aus. Dort sind die demokratischen Experimente fürs Erste gescheitert, ein Zurück zum starken Staat und auch zum starken Mann ist unverkennbar; dies wird dort auch gar nicht mehr geleugnet. Der Hegel'sche Weltgeist hat in diesen Ländern im Sinne Fukuyamas und Hegels zwar erste Spuren hinterlassen, sich jedoch noch nicht in seiner gesamten Gestalt entäußert.

In den muslimischen Republiken der ehemaligen Sowjetunion, in Zentralasien zumal, hatte die Demokratie von Beginn an keine Chance. Die Herrschaft ging fast nahtlos in die Hand jener Funktionäre über, die diese Länder zuvor schon für den Kommunismus beherrscht und verwaltet hatten. Zaghafte Regungen eines Pluralismus erstarben mehr oder weniger unsanft. Am längsten hielt man noch in Kirgistan durch, dann meldete sich auch dort der altvertraute Personenkult zurück. Man knüpft dort heute an die Herrschaftstraditionen der alten Emire an (etwa an Tamerlan, den »Lahmen Timur«), die allerdings durch den zentralistisch geprägten »Fortschritt« in kommunistischer Zeit hindurchgegangen sind. Auch im Rest der Welt gibt es keine oder kaum Anzeichen für einen sieghaften Vormarsch der Demokratie oder des Liberalismus, obschon in einigen Ländern Lateinamerikas wenigstens die brutalsten Diktaturen beseitigt werden konnten. Doch mehr als einige Lockerungen und bescheidene Erfolge sind nicht zu verzeichnen.

Ein Hort der Autokratie

Am hartnäckigsten scheint sich tatsächlich die islamische Welt zwischen Marokko und Indonesien einer Öffnung zur Demokratie, zum Liberalismus, zur individuellen Freiheit und zur Zivilgesellschaft hin zu verschließen. Ja, das Gegenteil ist sogar der Fall: Seit etwa einer Generation ist dort die Idee des religiösen Staates, der nach den »ewigen und unveränderlichen Gesetzen Gottes« regiert werden soll (din wa daula), unter dem Ansturm des Islamismus wieder populärer geworden – mit gewissen regionalen und lokalen Schwankungen seither. Dies verträgt sich mit vielem, aber gewiss nicht mit Pluralismus und individueller Freiheit, wie wir im Westen sie verstehen und wie sie Fukuyama in seiner politisch-gesellschaftlichen Vision vor Augen hatte. Westliche Gesellschaften sind heute von ständigen Veränderungen und prinzipieller Veränderungsbereitschaft getragen. Der Kampf zwischen Verfechtern solcher im Religiösen wurzelnden Ideen und moderateren Reformern in der Region wogt indessen hin und her. Irans Staatspräsident Sajjed Mohammad Chatami, ein islamischer Schriftgelehrter immerhin, forderte auf bemerkenswerte Weise, der Islam müsse eine eigene, eben islamische »Zivilgesellschaft« entwickeln, ohne den Westen blind nachzuahmen. Doch andere lehnen genau dies ab in der

Furcht, auch Iran werde dann ein »Abziehbild des Westens«. Chatamis Stimme kann als weitgehend isoliert gelten. Er ist im Grunde seines Herzens ein Mann der Feder, nicht der Politik. Unter den obwaltenden Umständen scheint eine wirkliche Demokratisierung Irans aus sich selbst heraus gegenwärtig schwer vorstellbar zu sein. Und der Versuch der Amerikaner, mit militärischen Mitteln im Irak die Demokratie einzuführen, sieht nicht sehr verheißungsvoll aus. Man hat den Diktator zwar gestürzt, doch nun herrscht allgemeine Unübersichtlichkeit, von der noch niemand weiß, wie sie sich eines Tages klären werde.

Das politische Bild des Islams ist heutzutage besonders dunkel, wofür freilich Iran nur ein Beispiel sein mag, und noch nicht einmal das übelste. In Iran haben seit der Revolution immerhin mehr als zwanzig Wahlen stattgefunden, gibt es ein relativ reformfreudiges Parlament, dessen Grenzen freilich durch das System eng gezogen sind. In Saudi-Arabien allerdings finden gar keine Wahlen statt, was die Iraner immer wieder zu ihren Gunsten anführen. Sie gelten jedoch den Amerikanern als »Schurkenstaat«, während Saudi-Arabien beileibe nicht so bezeichnet werde – trotz des 11. Septembers, dessen Spuren unter anderem nach Saudi-Arabien führen. Das sorgt für bitteres Blut zwischen dem alten Kulturland der Perser und dem Westen.

Westliche Politikwissenschaftler haben die Herrschaftssysteme des Nahen Ostens in die Formel »Stammesdynastien mit Nationalflagge« gefasst. Daran ist natürlich etwas Wahres. Die Monarchien, Theokratien, weltlichen Diktaturen der Region gründen sich auf enge Zirkel der Macht, die um Familien, Clans, Stämme, Militärkasten und Ähnliches, kleine Gruppen in jedem Fall, kreisen. Am wenigsten ist das noch bei den theokratischen Staaten der Fall, wo der Einfluss der Rechtsgelehrten besonders stark ist, obschon auch gebunden an vorhandene Herrschaftsstrukturen. In Saudi-Arabien herrscht die Familie der Al Saud, in Kuweit die Al Sabah, in Qatar die Al Thani, in Bahrain die Al Chalifa und so weiter. Diese Familien sind Teil eines »Beduinenadels«, der dort vor Generationen einwanderte und/oder sich gegen andere Clans durchsetzte. Deren Loyalität muss der Herrscher erkaufen. Die arabisch-islamischen Monarchien am Golf sind traditionalistisch, ihre Herrscher gewähren dem Volk durchaus einen gewissen Zugang zur Hierarchie, etwa bei den freitäglichen »madschalis«, bei denen der einfache Bürger seine Klagen vorbringen, seine dringendsten Wünsche äußern kann. Der Herrscher hat die Funktion eines »Super-Scheichs«, ist als solcher primus inter pares. Traditionelle Monarchien sind auch Oman und Marokko, wenn sich deren Herrscher auch nicht mehr im oben erwähnten Sinn auf beduinische Traditionen berufen können. Am ehesten gilt dies noch für die jordanische Monarchie, deren haschemitische Familie länger als tausend Jahre über die heiligen Stätten des Islams in Mekka und al-Medina geherrscht hatte, bevor die Al Saud sie aus dem Hidschaz vertrieben und die Engländer ihnen in Transjordanien eine Heimstätte schufen.

Typische Clan-Herrschaften sind in Syrien und im Irak am Ruder. Die Assad-Familie gehört zur religiösen Minderheit der Alawiten und stammt aus zwei Dörfern bei Lattakija im Dschebel Ansarijeh. Die Assads selbst kommen aus dem kleinen Ort Qardaha und machten in der Armee Karriere. Seit mehr als dreißig Jahren regieren sie mit harter Hand, was nur dadurch möglich ist, dass man das sunnitische Establishment zuerst kalt stellte, dann kaufte. Die führenden Posten im Staat sind so geschickt verteilt, dass die Alawiten alle Schlüsselstellungen halten, doch auch andere davon profitieren und deren Herrschaft jedenfalls nicht gefährden. Den Rest besorgen die einflussreichen Geheimdienste und das einflussreiche Militär. Nach außen firmiert dies alles als Herrschaft der Baath-Partei.

Ganz ähnlich lagen die Verhältnisse im Irak. Dort war es der Takriti-Clan vom Oberlauf des Tigris, der die Macht innehatte. Auch er hat sich die Loyalitäten anderer Clans und vor allem der verschiedenen irakischen Stämme verschafft; die Schiiten hielt man mit Subsidien bei der Stange. Wenn das nicht half, griffen Armee und Geheimdienste ein. Irreparabel gestört blieb lange allerdings das Verhältnis der irakischen Zentralregierung zu den im Norden ansässigen Kurden. Ohne die mitleidlose Unterdrückungsmaschinerie hätte die Herrschaft der Leute aus Takrit ein baldiges und wohl auch blutiges Ende gefunden. Über allem thronte aber die Baath-Partei, die im Irak mehr zu sagen hatte als in Syrien, wo bis heute die Armee dominiert.

Mehr oder minder verschleierte Militärherrschaften begegnen uns in Algerien und in Ägypten. Gewiss sind beide Länder nicht über einen Kamm zu scheren. Doch das Regiment der jeweiligen Staatspartei kann letztlich nur im Schatten der Bajonette erhalten bleiben. Unter diesem Dach haben gewisse pluralistische Lockerungen Platz gefunden, die freilich das Ganze nicht wirklich gefährden. Da unter den Blinden der Einäugige König ist, lässt sich in Ägypten von einer gewissen Liberalität sprechen. Das politische Klima ist dort milder als anderswo, es gibt Oppositionelle und auch eine oppositionelle Presse. Dies alles ist nicht institutionalisiert, seit dem Mord an Anwar al Sadat am 6. Oktober 1981 steht das Land theoretisch noch immer unter Kriegsrecht, so dass jederzeit das Ruder herumgeworfen werden kann. Person und Familie des Staatspräsidenten sind unantastbar. So ist auch Ägypten nur eine recht geschickt verschleierte Militärherrschaft.

Unter den arabischen Staaten nimmt einzig und allein der Libanon eine gewisse Sonderstellung ein. Das Zusammentreffen so vieler Minderheiten hat dort hat zu einer Konkordanz-Demokratie geführt, die gewiss viele Wünsche offen lässt, aber insgesamt doch den mit Abstand größten Freiraum in der gesamten Region zu bieten hat. Auch im Libanon, der einen 15 Jahre währenden Bürgerkrieg hinter sich hat, ist das System fast versteinert, er ist aber das einzige nahöstliche Land, das sich einem nennenswerten kulturellen Pluralismus geöffnet hat. Das hängt gewiss auch mit der großen Anzahl von Christen zusammen, die dort leben. Allerdings gilt auch im Libanon, dass das Klientel-Unwesen zu viel Einfluss auf die Gesellschaft und das politische Leben ausübt. Bei den Christen wie den Muslimen und Drusen spielen große Familien und Clanführer (zu'ama) traditionell eine bedeutende Rolle in Staat und Gesellschaft. Eine Säkularisierung täte diesem Staatswesen gut, doch ist dafür die geeignete Stunde noch nicht gekommen.

Angesichts dieser politischen Intransigenz nahöstlicher Regime, ihres monolithischen Charakters, fragen sich viele, ob die orientalische Welt überhaupt mit Demokratie und Pluralismus verträglich sei. Beherrscht nicht das islamische Gesetz alles und jeden, wenn schon nicht den Staat, dann zumindest die Köpfe der Menschen? Werden da nicht alle Hoffnungen auf wirksame Reformen immer aufs Neue zu Schanden?

Durch die Ereignisse vom 11. September haben solche Diskussionen eine geradezu tödlich Schärfe gewonnen. Die Auseinandersetzung mit jenem Islamismus, der Gewalt predigt und sie als Propaganda der Tat auch ausführt, wird auch nach dem jüngsten Krieg in Afghanistan gegen das Taliban-Regime und gegen die Hintermänner der Organisation al-Qaida weitergehen. Ja, sie beginnt jetzt erst und zwar auf beiden Seiten: bei jenen Muslimen, die merken, dass es wie bisher nicht weitergehen kann, aber auch im Westen, der durch Unwissenheit und eine insgesamt ungleichgewichtige Politik in der

Region an manchen üblen Erscheinungen nicht unschuldig ist. Eine oft arrogante Attitüde der Amerikaner gehört ebenso zu diesen Elementen wie der ungelöste Konflikt in Palästina. Einzig in den kleinen und überschaubaren Emiraten am Golf sind heute gewisse Fortschritte in Sachen Pluralismus festzustellen. Möglicherweise machen es die Überschaubarkeit und der relativ hohe Wohlstand dort eher möglich, die Zügel ein wenig lockerer zu lassen als in den großen Staaten der Region. Von Demokratie sollte man jedoch auch in diesen Fällen nicht sprechen.

Unbefriedigende Ursachenforschung

Alle Theorien, die diese politische Wandlungsunfähigkeit der Regime in der nahöstlichen Region erklären sollen, bleiben merkwürdig unbefriedigend. Ist es die orientalische Despotie, die sich schon im antiken Orient entfaltete und nun bis heute nachwirkt? Ist es das Prinzip des hydraulischen Staates, wie Karl Wittfogel einst in seinem klassisch gewordenen Werk meinte, das sich durchgesetzt hat? Die Staatenbildung im Orient ereignete sich in den Stromkulturen (Nil, Euphrat und Tigris) und gründete auf der Bewässerung der Felder, die staatlicherseits, das heißt von einer starken Zentralgewalt, geregelt werden musste, damit es nicht zum Streit kam. Oder ist der Islam daran schuld? Manche neigen zu der Auffassung, es sei eine Mischung aus beidem, die dafür verantwortlich sei. Die orientalische Despotie, das Innehaben der Macht, vollziehe sich innerhalb der Prägungen des Bewusstseins durch die Scharia, das unveränderliche Gottesgesetz, das eben Gehorsam fordere und zudem mit dem Alltag der Menschen unlösbar verwoben sei. So werde, gleichgültig ob diese Macht sich weltlich drapiere oder religiös darstelle, immer derselbe gesellschaftliche Mechanismus von Machtergreifung und Machtverfestigung mit wechselseitigen Loyalitäten perpetuiert. Eine Falle, aus der man nicht herauskomme. Und die Lähmung in der Politik strahle auf die ganze Gesellschaft aus. So unbeweglich die politischen Systeme, so unschöpferisch seien auch die Gesellschaften des Orients geworden, in der Wissenschaft, in der Kunst und in der Technik.

An der Frage, warum sich die von Max Weber beschriebene wissenschaftliche »Entzauberung« der Welt im Orient nicht ereignete, sondern nur in Europa, warum auch nur dort der »Geist des Kapitalismus« entstand und eben nicht im islamischen Orient, arbeiten sich seither Gelehrte in aller Welt ab. Auch dabei wurde bis jetzt keine gültige Antwort gefunden. Der französische Orientalist und Soziologe Maxime Rodinson stellte fest, dass auch im Islam durchaus jene geistes- und religionsgeschichtlichen Voraussetzungen anzutreffen waren, die Weber als Bedingungen und Geburtshelfer der modernen Welt in Europa ausgemacht hatte. Materialisten oder Positivisten werden immer dazu neigen, materielle Faktoren anzuführen, Idealisten eben idealistische. Es bleibt die Tatsache, dass die Kluft zwischen Okzident und Orient heute größer ist als jemals zuvor. Und bisweilen hat man den Verdacht, die westlichen Vorbilder, an welche durchaus nicht wenige glauben, verlören in jenem Maße immer aufs Neue an Anziehungskraft, in dem die nahöstlichen Staaten sich als Opfer wähnen. Dies ist durch den Irak-Krieg 2003 zweifelsohne verstärkt worden.

Tiefengründe der Konflikte

Die Hintergründe der heutigen Verwerfungen zwischen Orient und Okzident liegen allerdings tiefer, als das alltägliche Bewusstsein es nahe legen mag. Es sind recht eigentlich Tiefengründe, die zu benennen heute freilich dem guten Ton widerspricht. Sie wurzeln in einer real existierenden Verschiedenartigkeit und Andersartigkeit der Kulturen, die durch guten Willen und Toleranz, so schätzenswert und notwendig beide Eigenschaften auch sein mögen, alleine nicht aufgehoben werden können.

Fukuyama hat in seinem Werk den Ansichten Hegels, die in der angelsächsischen Welt entweder wenig verbreitet sind oder oft missverstanden und verspottet werden, breiten Raum gewidmet. Sein Denken ist selbst hegelianisch. Freilich sah Hegel – und hier kommt wieder der islamische Orient ins Spiel – nur in Napoleon den »Weltgeist« zu Pferde; von dem Sultan Salah al Din (dem »Saladin« der christlichen Quellen) hingegen sagte er nichts. Warum aber soll sich der Weltgeist, der Hegel'sche »absolute Geist«, allein in Napoleon offenbaren, nicht aber in jenem berühmten kurdischen Herrscher, der in der Geschichte des Islams die Wende in den Kreuzzügen herbeiführte? Oder auch in dem Propheten des Islams selbst, Muhammad? So fragen immer häufiger philosophisch gebildete Muslime. Hegel war Eurozentrist und dachte die Geschichte aus diesem Blickwinkel heraus. Das war zu seiner Zeit wohl kaum zu vermeiden. Es ist im Letzten immer »christliche« Geschichte, die sich immer stärker säkularisiert. So ist es auch kein Zufall, dass Fukuyamas Voraussage in der westlich-christlichen Welt noch am ehesten eingetroffen ist. Seine Gedanken legen eben die christliche Datierung Gottes zugrunde, von der wir noch immer glauben, es sei selbstverständlich, dass alle sie fraglos und klaglos annehmen – die Geschichte und ihre Zählung nach Christi Geburt.

Doch die Verwerfungen der vergangenen Jahre richten den Blick darauf, dass es eben auch eine andere Datierung Gottes gibt, die islamische. Sie mag sich im Kern auf den »identischen Gott der ursprünglichen Semiten« beziehen, wie man es in der Religionswissenschaft ausgedrückt hat, doch ihre eigene »Datierung Gottes« ist eben eine andere. Sie beginnt, wie wir sahen, mit der Hidschra des Propheten von Mekka nach al-Medina. Dabei ist Datierung ja nicht allein als Datum gemeint – dies wäre trivial –, sondern als Beginn einer »Weltgeschichte«, die freilich inhaltlich unter dem Signum einer anderen Datierung Gottes (nach landläufiger Auffassung einer anderen »Offenbarung«) steht und sich mit der christlichen, einer typischen Erlösungs- und Heilsgeschichte, nur teilweise überschneidet. Dies ist eine inhaltliche, wohl definierbare Differenz von großer Tiefe, die ganz eigene Kategorien konstituiert hat. Die christlich-westliche Welt hat dies lange Zeit nicht verstanden, nicht verstehen können, da sie die islamische Datierung Gottes als Ketzerei oder bloßes Anhängsel der eigenen Kultur eingeordnet hat. Heute, da solcherlei Einschätzungen nicht mehr oder seltener vorkommen, hat das Verständnis freilich nicht zugenommen, weil der Westen die Grundlagen seines eigenen »göttlichen Geschichtskalenders« weitgehend vergessen hat. Möglicherweise tut sich die säkularisierte Welt sogar noch schwerer mit der Datierung Gottes, wie der Islam sie heute noch verkörpert, als das in früheren, religiöseren Zeiten und Epochen der Fall war. Da »verstand« man sich in gewisser Weise auf der Ebene der Metaphysik.

Der Islam aber scheint nicht mehr und nicht weniger einzufordern, als dass auch er endlich einmal vom Westen als eigenständiges Subjekt der Geschichte anerkannt werde. Denn dies war er in den vergangenen Jahrhunderten nicht. Als der große »heilsgeschichtliche Konkurrent« des Christentums ist er gewissermaßen zurückgefallen und fordert jetzt zunehmend stärker einen Platz an der Seite der anderen großen Kulturen in einer multipolaren Welt.

Es fällt ihm schwer, auch den eigenen Anteil zu sehen, den er am gegenwärtig finsteren politischen Bild seiner selbst hat. Dies ist der Hintergrund auch all jener Klagen auf dem Felde der internationalen Politik: dass man islamische Länder, gemessen an den üblichen Standards der »Völkerrechtlichkeit«, anders behandele als den Rest der Welt. Ein Teil dieser Klagen ist berechtigt.

Nur die Terroristen dürften sich damit wohl nicht zufrieden geben, denn ihr Fernziel ist es, die Herrschaft des Islams überall auf der Welt anzustreben. Wer dies verhindern will, muss auf vielen Feldern, vor allem jedoch in der Politik, Sorge tragen für weniger verzerrte Wahrnehmungen, und er muss auch sein praktisches politisches Handeln daran ausrichten. Die Muslime hingegen müssen verstehen, dass ihr Zurückbleiben gegenüber der Moderne vielerlei Ursachen hat und durch Verschwörungstheorien nicht erklärt werden kann. Der Mangel an kritischer Kritik im Islam, das heißt selbstreflexiver Untersuchung der eigenen kulturellen Grundlagen, ist heute leider unübersehbar. Seit Jahrhunderten hat den Islam eine Sterilität und Starre befallen, die auf das Schärfste kontrastiert zum Reflexiv-Werden der westlichen Zivilisation. Seine originellsten Geister sind längst in den Westen geflohen – wie Voltaire seinerzeit aus Frankreich nach England.

Es geht, wohlgemerkt, nicht darum zu leugnen, dass Elemente der westlichen Aufklärung in den Islam eingedrungen sind. Sie sind es, zum ersten Mal massiv wohl in jenem 18. Jahrhundert, das für das Osmanische Reich schon damals, nicht erst im 19. Jahrhundert eine Vorentscheidung hätte bedeuten können. Andere Strömungen folgten. Doch es fällt auf, dass diese Anregungen aus unserem Teil der einen Welt schon nach kurzer Zeit wieder von der altbekannten geistigen Landschaft des Ostens verschwanden oder versickerten wie der kostbare Regen im Wüstensand. Am dauerhaftesten hat sich leider der Import verheerender nationalistischer Ideologien erwiesen. Auf diesem Felde haben sogar Islamisten und Säkularisten eine Zeit lang kooperiert, wie die partielle Aktionseinheit zwischen Muslimbrüdern und Freien Offizieren im Ägypten der vierziger und fünfziger Jahre des vorigen Jahrhunderts und anderswo deutlich machte. Doch alsbald zerbrach sie, wurde man wieder einander Feind.

Gemeint ist etwas anderes: dass der Islam bis heute nicht in der Lage war, Elemente und Mechanismen der Selbst-Reflexion zu entwickeln und diese auch gesellschaftlich zu verstetigen: in der Schule, in der Universität, erst recht in der Theologie und Jurisprudenz. Erst dies würde eine Aufklärung möglich machen, die ein autochthon islamisches Gewächs wäre, frei vom Odium der Fremdbestimmung aus dem Westen. Manche fassen das in dem Stichwort von der »Modernisierung der Religion durch die Religion« zusammen und empfehlen die neue und gründliche Lektüre der Schriften des großen al-Ghazali. Es mutet zunächst bestrickend an, dass der europäische Philosoph Hegel bei all jenen so hoch im Kurs steht, die eine auf pluralistische Öffnung und Dynamisierung abzielende Reform im Islam anstreben. Doch sollte, gerade wegen der Gefahr neuerlicher Fremdbestimmung, ein solcher »Hegelianismus«, wie er etwa in Iran von manchen Denkern gepflegt wird, mehr Anstoß sein als inhaltliche Festlegung. Es fällt zudem auf, dass die aus der Hegel'schen Religionsphilosophie herausentwickelten Systeme in Europa zu neuen Totalitarismen führten, zu einem Links- und Rechtshegelianismus mit ihren bekannten Folgen. Der Islam verfügt über eine genügende Anzahl alter und großer schöpferischer Geister, deren systematisches Studium und Weiterentwicklung ihrer Gedanken helfen könnten, adäquate Dynamisierungsprozesse in der islamischen Kultur anzustoßen. Diese werden aber gewiss nicht genau dieselben Ergebnisse zeitigen wie in der westlichen Kultur.

Gelegentlich kann man zur Frage einer im Islam notwendigen Aufklärung die Auffassung hören, einer solchen bedürfe es nicht, da der Islam qua Existenz und Verfasstheit schon Aufklärung sei. Untermauert werden solche Vorstellungen durch eine radikale Kritik der Entartungen und Auswüchse der westlichen Aufklärung. Neben autochthonen Muslimen ist auch der deutsche Konvertit Murad Hofmann dieser Meinung. In einem Aufsatz »Has Islam Missed Its Enlightenment?« übt er zu Recht scharfe Kritik an manchen Auswirkungen der Aufklärung. Gegen die Übermacht der Kirche im Religiösen und Politischen sei die Aufklärung zwar dringend notwendig gewesen und habe in Sachen Freiheit und Menschenrechte Segensreiches bewirkt. Doch die weltweite, mit der Globalisierung verbundene ökologische Krise und die Entfaltung des menschenverachtenden Kommunismus marxistischer Prägung sowie des nicht weniger menschenverachtenden Faschismus hätten als nichtreligiöse, weltliche Ideologien die Aufklärung gewissermaßen diskreditiert. »Nachzuholen« habe der Islam da gar nichts.

Diese Argumentation legt zugrunde, die genannten weltlichen Ideologien der Moderne seien sozusagen die kausale, zwangsläufige

Folge, ja der Höhepunkt der Aufklärung gewesen und ihre – obzwar negative – Erfüllung. Tatsächlich haben es die Marxisten vielfach so gesehen, nicht zuletzt Adorno und Horkheimer in ihrer »Dialektik der Aufklärung«. Der Sozialismus galt zudem vielen als Vollendung der Französischen Revolution, die nur der vorletzte Schritt gewesen sei, eben der bürgerliche, der durch den Sozialismus, durch die Herrschaft der Arbeiterklasse und die Diktatur des Proletariats übertrumpft werde. Doch in eben jenem Maße, in dem sie das behaupteten, wurde ihnen auch widersprochen. Es gibt gute Gründe für die These, die europäischen Totalitarismen des 20. Jahrhunderts seien gerade nicht die oder eine Folge der Aufklärung, sondern deren Karikatur gewesen. Im größeren Teil der Ursprungsländer der europäischen Aufklärung behaupteten sich übrigens die Demokratie und der Pluralismus. Russland war, bevor es zur Sowjetunion wurde, nicht gerade ein Hort der Aufklärung. In Deutschland liegen die Dinge freilich anders. Auch war es kein im Kern aufklärerisches Denken, das diese Totalitarismen hervorbrachte, sondern dessen Abschaffung. Der »pseudoreligiöse« Charakter dieser Bewegungen ist mit Händen zu greifen. Es waren Elemente des Religiösen, nicht des kritischen Rationalismus, die den säkularen Totalitarismus prägten. Die Heilsgewissheit bestimmter Religionen wurde gewissermaßen »umgestülpt« und ins Weltliche übertragen, doch »Heilsgewissheit« ist gewiss kein aufklärerischer Begriff, wenn man unter Aufklärung das ständige geistige Unterwegssein ohne letzte, abschließende Gewissheit versteht. Ein aufgeklärter Rationalismus bedeutet und lehrt, nicht mit letzten Gewissheiten, sondern letzten Ungewissheiten leben zu müssen und zu können. Dies, nebenbei bemerkt, sichert auch gerade die religiöse Freiheit.

Hofmann beklagt auch, dass unter dem Ansturm der Aufklärung von der Philosophie nur noch Erkenntnistheorie (Kant) oder Sprachspiele (Wittgenstein) übrig geblieben seien. Abgesehen davon, dass die westliche Philosophie doch noch etwas mehr ist als dies (auch das 20. Jahrhundert kennt noch Metaphysiker), wird hier eben deutlich, dass der kritische Rationalismus gegenüber früher für absolut gehaltenen Gewissheiten vorsichtig ist und bleibt. Es ist eben nicht leicht, vor dem Richterstuhl der Vernunft zu bestehen. Wenn es da Schwierigkeiten gibt, soll man eher diese anerkennen, als sich blind in einen Glauben stürzen. Der aufklärerische Rationalismus hat Religion nicht unmöglich gemacht, schon gar nicht Religiosität; er hat aber aufgeräumt mit einer fraglosen Gewissheit, die nicht links und rechts schaut und – ebenso wie die Ideologien – bereit ist, symbolische oder reale Scheiterhaufen zu errichten. Es gab sie auch im Islam, wenn auch seltener, und die Hinrichtungsarten waren anders.

Es gehört zu den Prinzipien der Aufklärung, wenn sie nicht »Aufkläricht« sein will, auch ihre eigenen Grundlagen zu befragen. Schon der große Immanuel Kant tat dies, wurde so einerseits zum »Alleszermalmer«, andererseits auch zum Überwinder. Er musste das (metaphysische) Wissen aufheben, um für den Glauben Platz zu bekommen. Die Aufklärung selbst hat es geschafft, sich selbst zu relativieren, ihre Grenzen zu erkennen. Daraus nun zu schließen, diese gesamte geistige Bewegung sei falsch und überflüssig gewesen, man müsse etwas Ähnliches anderen Kulturen ersparen, ist in solcher Entschiedenheit sehr problematisch. Auch jene Westler, die glauben, dass in ihrer Kultur vieles falsch gelaufen ist in den vergangenen zweihundert Jahren, möchten doch in der Substanz nicht auf Freiheit, Rationalität, Wissenschaft und Menschenrechte verzichten. Und sie fänden es gedeihlicher, wenn auch die Menschen anderer Kulturen daran ihren Anteil hätten, nicht um sie zu belehren oder gar zu bekehren, sondern um die geistige Grabesstille zu überwinden, die zu gänzlicher politischer und kultureller Stagnation geführt hat – mit all den Gefahren, die daraus auch global erwachsen mögen und die wir beschworen haben. Nicht nur die vom Westen ausgehende Globalisierung kann als Gefahr für die Welt angesehen werden, sondern auch die islamische Intransigenz und Modernisierungs-Verweigerung, und zwar in einem direkten wie indirekten Sinne.

Dass der islamische Orient Europa oder gar Amerika kopieren müsse, ist von kundigen und verständigen Beobachtern niemals behauptet worden. Vielmehr mehren sich jene Stimmen, die zu westlicher Zurückhaltung mahnen und Modernisierungsprozesse den Betroffenen selbst anheim stellen wollen. Doch zu behaupten, der Islam brauche keine Aufklärung, ist eine Verhöhnung all jener, die in ihrer Heimat verstummen mussten, erst recht aber all jener, die zu Tausenden aus ihren Ländern geflohen sind. Dafür nehmen sie die Nachteile der westlichen Gesellschaften offenbar gerne in Kauf. Einstweilen hat es den Anschein, als ob sich außer einer gewissen Pluralisierung der politischen Systeme des Nahen Ostens, die freilich rasch an eine Grenze stößt, so schnell nichts ändern werde. Doch könnte ein größerer Spielraum für die Bürger immerhin die ersten Schritte auf dem Weg zu einer Öffnung bedeuten. In einer zunehmend dependenter werdenden, sich globalisierenden Welt kann Abschottung eine Weile durchgehalten werden, wie etwa das Beispiel Nordkoreas zeigt. Aber selbst dieses Nordkorea begibt sich mittlerweile auch auf den Weg der Öffnung, weil es mit seiner geistigen Insellage nicht weiterkommt. Im Gegenteil: Fünfzig Jahre nach der Entstehung dieses Landes gibt es dort noch immer Hungersnöte. Auch der Islam ist keine Insel. Er wird eines Tages Mittel und Wege finden, besser mit sich und der modernen Welt zurechtzukommen.

Ignaz Goldziher und seine Erben: Die Orientalistik

Das wissenschaftliche Bild des Islams, an dem heute, da es ein westliches ist, gelegentlich Kritik geübt wird, ist ungefähr zweihundert Jahre alt. Es reicht bis in die Epoche der europäischen Aufklärung zurück. Damals emanzipierten sich die »arabischen Studien« von der Bibelwissenschaft und der Theologie, die gehofft hatten, über das Arabische bessere Zugänge zum Verständnis der hebräischen Bibel zu finden. Doch nun begannen sich die Europäer für das Arabische, für den Koran und für den Islam auch um ihrer selbst willen zu interessieren, ohne Bezug auf die eigene heilige Schrift. Wie für so vieles war auch für die Wissenschaft vom islamischen, christlichen und antiken Orient das 18. Jahrhundert der Geburtshelfer. Antoine Galland publizierte 1704 die erste, den Text noch stark paraphrasierende Übersetzung von Alf laila wa laila (»Tausend und eine Nacht«), Barthelemy d'Herbelot veröffentlichte den Vorläufer der modernen Enzyklopädie des Islams, der große Isaac Silvestre de Sacy (1758–1838) gab seine »Arabische Chresthomatie« heraus, an deren Texten Generationen von Arabisten geschult wurden. Zu ihnen gehörten im 19. Jahrhundert nicht nur der Franzose Etienne Quatremère (1782–1852), sondern auch deutsche Wissenschaftler wie Heinrich Leberecht Fleischer (1801 bis 1888) und viele andere. Fünf europäische Länder wurden führend in der Wissenschaft vom Orient: Frankreich, Deutschland, England (mit David Margoliouth, William Muir), die Niederlande (mit Christiaan Snouck-Hurgronje), etwas später dann Russland, das sowohl im 19. als auch im 20. Jahrhundert bedeutende Gelehrte wie Wilhelm Barthold, Wilhelm Radloff, Baron von Rosen, W. Berthels, Wladimir Minorskij, Alexander Kratschkovwskij oder den Kurdologen Basil Nikitine hervorbrachte. In Deutschland sind es der Namen fast zu viele, die man eigentlich nennen müsste: Johann Jakob Reiske, Joseph von Hammer-Purgstall, Aloys Sprenger, Hubert Grimme, Gustav Weil, Ferdinand Wüstenfeld, Gustav Flügel, Theodor Nöldeke, Gotthilf Bergsträsser und etliche andere. In Italien wirkten Giuseppe Nallino, Leone Caetano, Alessandro Bausani und Francesco Gabrieli.

Keiner von ihnen kommt freilich dem Mann gleich, der hier stellvertretend für die gesamte Zunft vorgestellt sein soll: Ignaz Goldziher. Das Bild, welches er vom Islam prägte, hat noch heute Bestand, obschon manche Muslime damit nicht zufrieden sind. Es scheint ihnen zu kritisch, zu sehr eben von weltlicher Wissenschaft gemalt, wie sie dem Westen zur zweiten Natur geworden ist.

Da die Orientalistik eine Wissenschaft ist und Wissenschaft als Folge und Korpus von Theorien und Hypothesen aufgefasst werden muss, war das wissenschaftliche Bild vom Islam dem Wechsel unterworfen. Und natürlich ist es das auch noch heute. Die Frage nach dem Islam-Bild der Wissenschaft ist sogar von besonderer Aktualität, ja Brisanz, seitdem die politische Konfrontation zwischen beiden Welten an Schärfe wieder zugenommen hat. Nach den terroristischen Anschlägen vom 11. September in New York und den darauf folgenden Gewalttaten in vielen Teilen der Welt, deren Ziele eindeutig westliche oder doch westlich geprägte Einrichtungen und Menschen gewesen sind, wurde gelegentlich die Frage aufgeworfen, ob denn die Orientalisten nicht viele Jahre lang ein insgesamt zu positives, jedenfalls verharmlosendes Bild des Islams gezeichnet hätten. Der Islam als Religion der Toleranz, des Minderheitenschutzes, der abrahamitischen Synthese nach dem Vorbild des maurischen Andalusiens, sei wohl mehr ein wissenschaftliches Konstrukt, das auf dem sprichwörtlich geduldigen Papier stehe, denn historische oder gar aktuelle Realität. Umgehend brach sogar unter den Wissenschaftlern selbst ein Streit darüber aus, ob es den »Islamismus« überhaupt gebe, oder ob es sich bei dem in Rede stehenden Phänomen nicht schlicht und einfach um den Islam handele, der sich in Zeiten der Spannung und Krise eben aggressiv gebärde.

Die Frage ist berechtigt. Seit den Anschlägen in Amerika schauen auch Orientalisten genauer hin, entdecken schon in der Frühzeit des Islams und erst recht in späteren Epochen durchaus Gewaltpotentiale, die von Eiferern jederzeit reaktiviert werden können. Insgesamt ist wohl richtig, dass sich die meisten Orientwissenschaftler bisher mehr um Fragen der religiösen Orthopraxie und Lehre, der Theologie, Mystik, Philosophie, Kalligraphie, Literatur und Dichtung gekümmert haben als etwa um das islamische Kriegsrecht und andere, stärker problembeladene Felder. Nun beginnt man schon eher zu untersuchen, wie es sich denn mit der vielbeschworenen Toleranz des Islams in Spanien, wo er immerhin achthundert Jahre existierte, wirklich verhalten hat. Korrekturen am lieb gewonnenen Bild, das man gelegentlich auch in der Wissenschaft vielleicht allzu unbefragt weitertransportierte, zeichnen sich schon jetzt ab. In letzter Zeit sind einige Untersuchungen erschienen – etwa von der in Ägypten geborenen jüdischen Orientalistin Bat Ye'or –, in denen der Islam bei der Behandlung der religiösen Minderheiten, der so genannten »dhimmi« oder Schutzbefohlenen (Juden, Christen, Zarathustrier), in einem historischen Kontext weitaus schlechter wegkommt als früher. Gewiss wird das Bild in der Zukunft differenzierter sein als heute, differenzierter auch, als es den Muslimen vielleicht lieb sein kann, hängen sie doch an althergebrachten, konservativen Vorstellungen über ihre Religion, die sie von Generation zu Generation weitertragen.

Es wäre freilich zunächst zu fragen, ob es ein einheitliches Bild des Islams unter den Orientwissenschaftlern überhaupt gegeben hat oder noch gibt. Gewiss nur mit Einschränkungen, denn jeder Gelehrte hatte sein spezielles Forschungsfeld, von seiner weltanschaulichen Einstellung als Privatperson einmal ganz abgesehen. Hinzu kamen bestimmte Vorlieben oder Moden, die auch die geistige Welt kennt: Es macht, und sei es unbewusst, auch schon einen Unterschied, ob man selbst religiös ist oder nicht, ob man wissenschaftlicher Positivist ist oder nicht, ob man zur Romantik neigt oder Realist ist. Und natürlich macht auch die Herangehensweise an den Stoff, an die Texte vor allem, einen Unterschied. Ist man strenger Philologe oder bevorzugt man andere Wege der Betrachtung? Marxisten sahen und sehen den Islam – wie jede Religion – anders als Nicht-Marxisten. Sie betrachten sie als Überbau-Phänomen, als Reflex ökonomischer und sozialer Zustände. Sie interessieren sich für den Islam allenfalls als gesellschaftliches Phänomen, nicht als System metaphysischer Überzeugungen, die sie im Zweifel für falsch halten. Auch spielt es eine wichtige Rolle, ob man sich sein wissenschaftliches Bild vom Islam aus den heiligen Texten (Koran, Hadith, Tafsir, Fiqh), aus der Poesie, aus der Mystik oder anderen Bereichen dieser Religion und Kultur zusammenfügt. Der gelebte Alltag der Muslime tritt erst allmählich in den Gesichtskreis der Gelehrten, etwa bei Clifford Geertz und Ernest Gellner.

Ignaz Goldziher, der geniale Schöpfer der modernen Islamwissenschaft, den wir hier im Zusammenhang mit dem Bild seiner Wissenschaft bekannter machen wollen, war Ungar, publizierte einen großen Teil seiner wissenschaftlichen Texte jedoch auf Deutsch, obschon wissenschaftliche Arbeiten aus seiner Feder auch in Englisch, Französisch und Ungarisch überliefert sind. In deutscher Sprache ist auch sein Tagebuch gehalten, das er von seinem vierzigsten Lebensjahr an recht unregelmäßig führte. Es ist ein erschütterndes Zeugnis unsagbarer seelischer Leiden, die nicht allein mit seiner jüdischen Herkunft, sondern vor allem mit der Dummheit und Anmaßung seiner Umgebung zu tun hatten. Noch als in aller Welt gefragter, ja hoch geehrter und ausgezeichneter Gelehrter der Orientalistik musste sich Goldziher von Vorgesetzten kujonieren und demütigen lassen, die geistig inferior und moralisch fragwürdig waren. Er selbst war Jahrzehnte lang dazu verdammt, Sekretär – in Wirklichkeit nichts als ein besserer Schreiber – der jüdischen Gemeinde in Budapest zu sein. Erst nach der Jahrhundertwende bekam er die akademische Aufgabe, die ihm zustand und die er ohne die Intrigen seiner Feinde und ohne den auch in seiner Heimat verbreiteten Antisemitismus schon viele Jahre früher erhalten hätte. So übel die Situation für ihn auch gewesen sein mag, so richtig ist allerdings auch, dass Goldzihers Tagebuchaufzeichnungen seine subjektive Sicht der Dinge bieten. Wie könnte es auch anders sein. Friedrich Niewöhner, der Goldzihers Gedenkrede auf den großen französischen Gelehrten und Orientalisten Ernest Renan (1823–1892) in deutscher Sprache publiziert hat (»Renan als Orientalist«, 1999), spricht in seinem Vorwort davon, dass Goldziher nicht frei gewesen sei von »jüdischem Selbsthass«. Er verwendet dabei einen Begriff, den der – 1933 von den Nationalsozialisten im Exil ermordete – deutsch-jüdische Philosoph Theodor Lessing in Anlehnung an Otto Weininger (1880–1903) geprägt hat. Bei Goldziher findet sich die Sache, nicht jedoch der Begriff – was bezeichnend genug ist. Niewöhner nennt Goldziher in einem Vortrag zudem den »Gefangenen von Budapest«, weil er andererseits nicht bereit war, die zahlreichen Rufe auf einen Lehrstuhl im Ausland anzunehmen. Es ging ihm wohl auch um das Prinzip.

Goldziher wurde 1850 in der zu Österreich-Ungarn gehörenden Stadt Stuhlweiszenburg (Székesfehérvár) geboren. Auch er ist also ein Gewächs der in vielerlei Hinsicht geistig so fruchtbaren Donaumonarchie. Der Bürgersohn offenbarte bereits zur Zeit seiner Bar Mitzwa alle Anzeichen des jungen Gelehrten. Goldziher berichtet selbst in seinem Tagebuch, dass er einmal sehnlichst auf eine Buchlieferung wartete und er schließlich, als die Werke endlich bei ihm eintrafen, die Bücher einzeln in die Hand nahm, um sie zu küssen. Er war damals schon ein gelehrter Jude, vorausbestimmt für eine Laufbahn als Philologe. Neben dem Hebräischen standen arabische Studien. Goldziher meisterte die Schwierigkeiten des Arabischen mit Bravour und strebte bald nach Neuem. Bei seinem ungarischen Landsmann Arminius Vámbery (Hermann Bamberger) – Jude auch er –, einer Berühmtheit jener Tage, erlernte er das osmanische Türkisch. Vámbery (1836–1913) galt zu jener Zeit als die bedeutendste Autorität auf dem Gebiet der Turkologie. Sein wissenschaftliches Lebensziel war es, die Verwandtschaft des Ungarischen mit den türkischen Sprachen eindeutig zu dokumentieren, das heißt den organischen Zusammenhang der ural-altaiischen Sprachen zu beweisen. Doch Vámbery hatte auch eine schillernde Vergangenheit als Forschungsreisender, die viele, zunächst auch den jungen Goldziher, faszinierte. Er war gerade erst von einer gefährlichen Reise zurückgekehrt, die ihn über die Türkei und Persien in das geheimnisvolle Emirat von Buchara geführt hatte, eine Tour, die Vámbery nur als Muslim verkleidet und unter dem Namen Reschid Effendi unternehmen konnte, um seines Lebens einigermaßen sicher zu sein. Unter seinem falschen Namen fuhr er über das Kaspische Meer, ging an dessen Ostküste an Land und drang dann auf mühsame Weise durch die Wüsten Kara Kum und Kizil Kum, durch die Schwarzen und Roten Sande, in das geheimnisumwitterte Buchara vor. Dort hatte erst wenige Jahre zuvor der englische Offizier Stoddard einen grausamen Tod gefunden, da der Emir Bucharas ihn der Spionage für Großbritannien verdächtigte – natürlich zu Recht. Heute kann als sicher gelten, dass auch Vámbery neben seinem Interesse an orientalistischen Fragestellungen und Forschungsergebnissen, an der Geschichte Bucharas vor allem, sich als Agent betätigte. Nach seiner Rückkehr aus diesem verbotenen Reich jedenfalls war sein Buch zunächst einmal eine Sensation. Es machte den Gelehrten mit einem Schlage bekannt und brachte ihm auch gutes Geld ein. Später sollte Vámbery der wichtigste europäische Vertraute des türkischen Sultans Abdulhamid, einer schwierigen, oft als paranoid charakterisierten Figur werden.

Zunächst verehrte der junge Goldziher, noch Gymnasiast, den älteren Forscher und Lehrer mit heißem Herzen. Seine Türkisch-Studien absolvierte er so rasch wie die arabischen. Danach, als reifer Mann, wurde ihm Vámbery gründlich verhasst. Der grundehrliche, auch gläubige Jude Goldziher verachtete den Juden Vámbery, der rundheraus erklärte, er glaube an rein gar nichts, außer an Geld, und der sich brüstete, sowohl der Sultan in Konstantinopel als auch die englische Königin Victoria zahlten ihm Pensionen für seine jeweiligen Spitzeldienste in den orientalischen Ländern und Regionen. Das Tagebuch Goldzihers ist voll von bitteren Bemerkungen, in denen er den aus seiner Sicht schlechten Charakter Vámberys beklagt. Man kann daraus wenigstens schließen, dass beide Männer als Menschen und Gelehrte zu verschieden waren, um miteinander auskommen zu können. Gewiss spielte bei Goldziher auch eine Rolle, dass ihm in der Heimat jene Anerkennung lange Zeit vorenthalten wurde, die der auch äußerlich gewandte, beredte und brillante Vámbery wie selbstverständlich entgegennahm. Goldzihers Bemerkungen über seinen Intimfeind nahmen an Schärfe zu, je älter beide Männer wurden.

Sein Studium der Arabistik absolvierte Ignaz Goldziher bei Heinrich Leberecht Fleischer in Leipzig, dem unumstrittenen Meister arabischer Studien im damaligen Deutschland. Fleischer war ein Pionier. Als Schüler des noch berühmteren, im Jahre 1835 verstorbenen Silvestre de Sacy, der in Frankreich eine ganze Generation europäischer Orientalisten ausgebildet hatte, war er ein unerbittlicher Gegner der spekulativen Orientkunde, wie manche sie in der Romantik geschätzt hatten, ein Freund der strengen Philologie. Fleischer wollte weniger als Goethe in das Land der Patriarchen aufbrechen. Goldziher erlernte in Leipzig das Rüstzeug jener philologischen Methoden, die ihm später bei seinen Text-Exegesen zugute kamen. Er wurde Fleischers Lieblingsschüler, worauf er sein Leben lang stolz war.

Die wissenschaftliche Orientkunde war damals viel mehr als heute reine Schreibtischgelehrsamkeit. Goldziher jedoch brach auch auf, um den Nahen Osten persönlich kennen zu lernen. Seine Ziele zu Beginn der siebziger Jahre waren Ägypten und Syrien. In einem Reisetagebuch hat der junge Gelehrte seine Eindrücke von dem Aufenthalt am Nil festgehalten, prägten sie ihn doch bis zum Ende seiner Tage. Goldziher war gerade einmal Anfang zwanzig, als er in Kairo mit den Gelehrten der hochberühmten und hochedlen al-Azhar-Moschee und der Hochschule disputierte und sehr bald merkte, dass er mindestens ebenso beschlagen in den Schriften der islamischen Tradition war wie sie, wenn nicht sogar beschlagener. Jedenfalls erregte der »Scheich« aus dem so fernen Ungarn nicht wenig Aufsehen mit seinen Kenntnissen. Was aber, so muss man fragen, hätten die Schriftgelehrten des Islams erst gesagt, wenn sie dem reifen Forscher Goldziher gegenübergesessen hätten, nicht dem noch jugendlichen Doktoranden?

Im Jahre 1876 erschien in Leipzig Goldzihers erstes großes wissenschaftliches Werk über den »Mythos bei den Hebräern«. Das Buch war eine Antwort auf Renan, der die These vertreten hatte, die Hebräer seien, wie alle Semiten, nicht in der Lage gewesen, einen wirklichen authentischen Mythos zu schaffen. Den Franzosen Renan beschäftigte dieses Problem fast sein ganzes Leben lang, an seiner Grundthese hielt er fest – trotz der Einwände Goldzihers, die zu gewissen Modifikationen bei Renan führten. Das Buch Goldzihers gilt heute in der Gelehrtenrepublik allgemein als eine Vorstudie zu Kommendem, als eine Ouvertüre und ein Auftakt zu den bedeutenden Arbeiten rein islamkundlicher Provenienz. Bemerkenswert ist, wie der fromme Jude Goldziher ohne alle Berührungsängste arabische Verse und Textstellen neben hebräischen zitiert. Die enge Beziehung zwischen Judentum und Arabertum, zwischen der Religion der Juden (damals oft »Judaismus« genannt) und dem Islam (in jener Zeit noch als »Muhammadanismus« gekennzeichnet) war ihm keineswegs eine fremde Erscheinung. Tatsächlich sind sich, nicht nur nach dem äußerlichen, orthopraktischen Erscheinungsbild in der Gesellschaft, die beiden Religionen in vielem näher als das Christentum und der Islam. Thora und Koran (die heiligen Bücher), Talmud und Sunna (die Lehrtradition, das zu Lernende), Halacha und Scharia (das jeweilige Gesetz) entsprachen sich auf einer grundsätzlichen Ebene, bei allen Unterschieden im Einzelnen. Goldziher ging es bei diesem Werk darum, auf den reichen Schatz einer jüdischen Mythologie aufmerksam zu machen. Später freilich wollte der Gelehrte von diesem wissenschaftlichen Erstling nichts mehr wissen.

Zum Begründer der modernen Islamkunde wurde Ignaz Goldziher durch vier Werke, mit denen er sich Weltruhm erwarb, obschon in jenem eingeschränkten Sinn, der bei einer so im Verborgenen blühenden Wissenschaft wie der Orientkunde zu erwarten ist. Es war und ist ein Weltruhm allein unter den Orientalisten. Da ist erstens sein Werk über die islamische Rechtsschule der Zahiriten und deren Protagonisten Ibn Hazm; als zweiter Höhepunkt seines Schaffens sind zu nennen die seit 1889 in zwei Bänden erschienenen »Muhammedanischen Studien«, eine monumentale Arbeit zur Religionsgeschichte des Islams und zum Hadith, das heißt der Traditionswissenschaft. Im ersten Teil zeigt Goldziher anhand der Texte, wie sich das spezifische Arabertum mit seinen Tugenden unter dem Einfluss der neuen Religion universalistisch umformte. Im zweiten Teil arbeitet der Gelehrte heraus, wie die Traditionswissenschaft all jene politischen und gesellschaftlichen Veränderungen und Auseinandersetzungen der frühislamischen Gesellschaft aufnahm und spiegelt, eine Art von Text-Forschung, die den heutigen Fundamentalisten im Islam alles andere als recht sein kann. Sie historisiert nämlich heilige Texte. Das dritte, bis heute auch populärste Werk sind die »Vorlesungen über den Islam«, in denen der Orientalist in sechs Kapiteln die bis heute beste Einführung in Lehre und Wesen des Islams gibt. Goldziher hätte diese Vorlesungen in Amerika halten sollen, kam jedoch wegen einer Erkrankung nicht dazu. So wurden sie im Jahre 1910 in Heidelberg publiziert, ohne je mündlich vorgetragen worden zu sein. In sechs ausführlichen Kapiteln beschäftigt sich der Verfasser mit Muhammad und der Entstehung des Islams, mit der Entwicklung der islamischen Rechtswissenschaft (fiqh), mit der Entstehung der Dogmatik, mit Asketentum (zuhd) und Mystik (tasawwuf), mit den verschiedenen Sekten sowie mit den neueren Strömungen im Islam. Bis heute haben die »Vorlesungen« nichts von ihrer eigentümlichen Faszination und Frische verloren und immer wieder Neuauflagen erlebt, übrigens auch in arabischer und hebräischer Sprache. Zehn Jahre später und ein Jahr vor Goldzihers Tod 1921 erschienen »Die Richtungen der islamischen Koranauslegungen«, ein ebenfalls ursprünglich als Vortrag konzipiertes Werk über die Wissenschaft des »tafsir«, das heißt die Interpretation des heiligen Buches der Muslime.

Im Jahre 1908 hatte Österreich-Ungarn, dessen Bürger Ignaz Goldziher war und blieb, das bis dahin nur besetzte Bosnien-Herzegowina offiziell annektiert. Für die muslimische Bevölkerung dieses vormals osmanischen Gebietes verfasste der Gelehrte eine kurze »Geschichte der arabischen Literatur«, die zunächst in Sarajevo in kroatischer Sprache erschien. Ihre englische Fassung (»History of Classical Arabic Literature«) gilt bis heute als die beste kursorische Einführung in den überdimensionalen Stoff. Wenn man in Rechnung stellt, wie rasch auch hervorragende wissenschaftliche Werke im Allgemeinen veralten – zumal in der heutigen Zeit –, wird man erst recht ermessen können, was die Dauerhaftigkeit und Nachhaltigkeit von Goldzihers islamkundlichen Monographien bedeutet. Nach einem Wort von Carl Heinrich Becker, der ihm den Nachruf schrieb, ist das, »was wir heute Islamwissenschaft nennen, das Werk Goldzihers und Snouck-Hurgronjes ...« Tatsächlich war dieser niederländische Gelehrte, Christiaan Snouck-Hurgronje, so etwas wie Goldzihers Bruder im Geiste, wenn auch von gänzlich anderer Wesensart und Methodik. Ihre Kontakte waren freundschaftlich und intensiv. Der Niederländer betrieb seine Studien auch auf dem Hintergrund von längeren persönlichen Aufenthalten im Dar al-islam, unter anderem in Niederländisch Indien (heute Indonesien) und in Mekka, während Goldziher – trotz seines Ägyptenaufenthaltes von 1873/74 – doch mehr ein Stubengelehrter blieb. Hurgronjes methodischer Ansatz rückt oft in die Nähe ethnographischer und ethnologischer Feldforschung. Das zeigt besonders sein Werk über seinen Aufenthalt in Mekka.

Goldzihers Methode hingegen würden wir heute in die Nähe dessen rücken, was man Hermeneutik nennt. Er geht ganz von den Texten aus. Hypotheses non fingo, könnte Goldziher mit Newton, mit dem er die Rolle des Bahnbrechers teilt, sagen: »Ich stelle keine Hypothesen auf!«

Fleischers Schule hat ihn zu einem Philologen von Gottes Gnaden gemacht, doch bleibt er dabei nicht stehen, sondern bricht zu neuen Ufern auf. Anhand der Texte der unterschiedlichsten Gebiete der islamischen Religion und Kultur schreitet Ignaz Goldziher den ganzen Kreis der islamischen Schöpfung aus. Einen Satz Renans wenigstens machte er sich zu Eigen, dass nämlich der Philologe auch Kenntnisse über Geschichte und Philosophie der jeweiligen Kultur benötige, um besser seines Amtes zu walten. Und seine Genialität war gepaart mit einer ungeheuren Fruchtbarkeit. Neben seinen Büchern hat Ignaz Goldziher mehr als siebenhundert wissenschaftliche Arbeiten publiziert, die heute in einer Gesamtausgabe in sechs Bänden der Öffentlichkeit zugänglich sind. Seine Bücher sind freilich leichter zu lesen als viele der Aufsätze, deren Texte von längeren arabischen und hebräischen Zitaten nur so wimmeln.

Die Beschäftigung mit dem Islam – wie die Befassung mit den anderen großen Religionen und Kulturen außerhalb Europas überhaupt – ist ein Erfordernis, das heute dringender denn je geworden ist. Die oft verstörenden Ereignisse der letzten dreißig Jahre nahöstlicher Geschichte, die keine isolierte Historie mehr ist, die sich in fernen Ländern abspielt, sondern mehr oder weniger vor unserer Haustür, haben deutlich gemacht, dass die Islamwissenschaft im 21. Jahrhundert innerhalb der Kulturwissenschaften eine Basiswissenschaft geworden ist. Neuere Forschungen haben belegt, dass auch in der Wissenschaft Paradigmen und Paradigmenwechel eine wichtige Rolle spielen. Selbst in den auf den ersten Blick so voraussetzungslosen Naturwissenschaften ist dies so. Naturwissenschaft seit Galilei ist anders als griechische oder arabische Naturwissenschaft. Dies heißt nicht, auf die strengen Kriterien der Wissenschaftlichkeit zu verzichten, sondern sich nur über den je unterschiedlichen Horizont der Befragung der Natur bewusst zu sein.

Um wie viel mehr gilt dies für die Geistes- und Kulturwissenschaften. Man muss sich nicht hundertprozentig Edward Saids berüchtigter, erstmals 1978 vorgetragene These vom Orientalismus der europäischen Orientalistik zu Eigen machen, um auch in der Orientalistik zeitbedingte Fragestellungen oder subjektive Ansätze zu erkennen. Sie folgen eben einem ganz bestimmten Paradigma, das nicht mehr das unsrige sein kann und ein eigenes Bild von der islamischen Kultur erzeugte. Als die europäische Orientalistik sich im 19. Jahrhundert, nach den Anfängen im 18., zu einer systematischen Erforschung des Orients entwickelte, stand Europa im Zeichen der absoluten Weltgeltung. Dass andere als europäische Weltbetrachtungen einmal wieder zählen, dass andere Paradigmen als dasjenige einer fraglosen Beherrschung der Welt durch Europa aufkommen würden, und sei es nur in Form einer kritischen kulturphilosophischen oder politischen Anfrage, galt vielen als undenkbar. Damit verschränkt waren selbstverständlich die politischen und wirtschaftlichen Machtansprüche und Attitüden, von denen sogar die Gelehrten in ihren Stuben und Elfenbeintürmen nicht gänzlich frei waren. Die Orientalisten, da hat Said Recht, waren davon so wenig unberührt wie andere. So war auch das gesamte 19. Jahrhundert in der Wissenschaft fast noch mehr als in der politischen Theorie und Philosophie von einem unausgesprochenen, fast selbstverständlichen Hegelianismus durchdrungen, von einem »Ende der Geschichte« auch auf dem Feld der Kulturentwicklung. Jenseits Europas lag kaum Zukunft, es sei denn anhand der nachzuholenden Imitation europäischer Verhältnisse.

Dies ändert nichts daran, dass es auch Orientalisten gab, für die das Gesagte nicht zutrifft. Dies ist der Hauptmangel Saids: dass er nur die angelsächsische und französische Gelehrsamkeit aufgriff und kritisierte (und beide zudem sehr einseitig), aber die deutsche und russische Orientkunde vernachlässigte. Und im 20. Jahrhundert haben Gelehrte wie der Franzose Louis Massignon gezeigt, dass man den islamischen Orient wissenschaftlich, mit Sympathie und auch aus der Sphäre des Katholizismus heraus betrachten kann, ohne ihn ideologisch zu verbiegen oder für außerwissenschaftliche Ziele zurechtzumachen. Auch Ignaz Goldziher fällt in diese Kategorie. Unter Muslimen ist es seit einiger Zeit Mode geworden, nur allzu gerne auf die These Saids einzugehen und sich vom eigenen Versagen dadurch freizusprechen, dass man sie ohne kritische Anfrage unterstützt.

Immer wieder einmal begegneten sich West und Ost, bemühte sich der Westen – obzwar unvollkommen und bisweilen einseitig – auch um die andere, rivalisierende, eben die islamische Verwirklichung einer Offenbarung, wie sie durch den Propheten Muhammad in die Welt gekommen war. Umgekehrt war das lange Zeit nicht der Fall, haben sich islamische Gelehrte kaum darum bemüht, eine Okzidentalistik zu schaffen. So wie auch die Politik im Orient bis heute personalisiert ist, so haben sich auch in moderneren Zeiten islamische Persönlichkeiten allenfalls an westlichen Persönlichkeiten ganz individuell ein schöpferisches Vorbild genommen: an Shakespeare, Goethe, Corneille, Comte, Nietzsche, Bismarck und so weiter. Insgesamt freilich hat auch der Westen seine Nachbarwelt, die einer anderen religiösen Datierung folgt, bis heute noch nicht wirklich in ihrem Anspruch und Eigen-Sein wahrgenommen.

Wenn wir heute zu der Auffassung neigen, dass den Hoch-Islam nur einigermaßen verstehen könne, wer seine recht trockene sakrale Jurisprudenz, aber auch seine Dogmatik, Asketik und Mystik studiert habe, kurzum alle seine Richtungen und Facetten, so verdanken wir diese Einsicht in die Ganzheitlichkeit und Vielfalt einer großen Kultur vor allem auch Ignaz Goldziher, dem bescheidenen jüdischen Gelehrten mit seiner wissenschaftlichen Wunderlampe.

Vor neuen Herausforderungen

Goldzihers Erben freilich, die zeitgenössischen Orientalisten, stehen heutigentags vor neuen, teilweise explosiven Herausforderungen. Mehr als bisher noch müssen sie die islamischen Gesellschaften, ihre Grundlagen, Verwerfungen und Aussichten studieren. Der moderne Orient ist mehr denn je in den Vordergrund gerückt. Die Orientforscher müssen sich auch den eigenen, wissenschaftlichen Bildern stellen, die sie vom Islam in einer durchaus reichen Literatur gezeichnet haben. Immer wichtiger werden außerdem lokale Ausformungen dieser Religion und Kultur, die man unter dem Begriff »Volksislam« behandelt. Ob in der Türkei oder in Indonesien, ob in Afrika oder in Mittelasien – überall spielen diese örtlichen Traditionen eine kaum zu überschätzende Rolle, die heute allerdings durch das Vordringen rigider Orthodoxien, wie sie vor allem im saudischen Wahhabismus vorliegen, bedroht scheint.

Wie schon in der sozusagen klassischen Orientforschung können Gelehrte der einzelnen Länder da Schwerpunkte setzen, wo ihr Land besondere historische Beziehungen unterhält. Die Deutschen haben enge Verbindungen zum türkischen Islam, den man nun sogar im eigenen Land studieren kann, aber auch zu Iran, französische Gelehrte spezialisieren sich oft auf den Islam in den ehemaligen Kolonien ihres Landes, vornehmlich in Nord- und Westafrika. Britische Orientalisten interessierten sich für die Muslime im indo-pakistanischen Raum. Doch sind dies nur Annäherungen. Auf die Möglichkeiten eines Euro-Islams, der ganz neue Felder der Islam-Interpretation erschließen mag und damit auch selbst zum Forschungsobjekt werden wird, muss man in Zukunft eingehen. Er betrifft auch das Bild des Islams in Deutschland, das sich vielfältig wandelt, schon weil es nunmehr auch ein Bild aus der Nähe ist. Auf den Islam, früher ein weitgehend literarisches oder abstraktes Phänomen, stößt man jetzt sozusagen auf Schritt und Tritt in den großen Städten. Das ermöglicht das Sammeln von Erkenntnissen über den Glaubensvollzug der Muslime in Deutschland, den Einblick in ihre besondere Lebenswelt. Erste Untersuchungen wurden bereits vorgenommen, nicht nur von Orientalisten, sondern auch von Soziologen. Wissenschaftliche Grenzüberschreitungen vielerlei Art sind offenbar ein Element zukünftiger Orientstudien, sofern sie die Einpflanzung orientalischer Lebenswelten in die westlich-säkularen Gesellschaften Europas und Amerikas zu betrachten haben.

In den Bibliotheken des Nahen Ostens liegt eine Unzahl von Handschriften, die noch der Veröffentlichung harren. Erst allmählich bekommt die gelehrte Welt systematischen Zugang etwa zu den osmanischen Archiven, die wichtige Schätze bergen und durchaus eine Revision der europäischen Geschichtsschreibung, den Orient betreffend, bewirken könnten. »Weltgeschichte« war bis heute um Europa zentriert, und auch viele Ereignisse der jüngeren Geschichte nehmen sich aus dem Blickwinkel der Muslime, die in den vergangenen Jahrhunderten öfter Opfer waren als Täter, etwas anders aus, als die Versionen westlicher Geschichtsschreiber es vermitteln, ja, teilweise sogar mehr als das.

Immer mehr wächst auch die Zahl der in Europa oder Amerika ausgebildeten, dort sogar forschenden und lehrenden Orientalisten aus den Ländern des Islams selbst. Das ist gut so, denn ihre authentische Herkunft, ihre muttersprachlichen Kenntnisse, befähigen sie zu einem anderen, vom Westen verschiedenen, oft authentischeren

Blick. Bei ihnen sind wissenschaftliche Methoden und ein innerer, muslimischer Sozialisation geschuldeter Blick, den der Nicht-Muslim niemals perfekt haben kann, miteinander verschwistert. Das wird auch das wissenschaftliche Bild vom Orient verändern, das ohnehin schon facettenreich ist, mehr jedenfalls, als die alltägliche Berichterstattung der internationalen Medien vermuten ließe. Und es wird auch jene Bilder weiter korrigieren helfen, die häufig durch populäre Werke, Filme und andere Produkte der internationalen wie nationalen Unterhaltungs- und Kulturindustrie entstanden sind und durch Wiederholung verstetigt werden. Der Westen will in seinen künstlerischen Produkten über den Osten nicht lassen von Karawanen, Sultanen, Haremsdamen, Eunuchen und Ähnlichem, das es nur noch punktuell oder kaum noch oder auch gar nicht mehr gibt im islamischen Orient.

Eine gewisse Renaissance orientalischer Studien findet gegenwärtig in der Türkei statt. Dort liegt die kemalistische Revolution inzwischen weit genug zurück, so dass es ungefährlicher geworden ist, sich gelegentlich sogar osmanischen Nostalgien hinzugeben. Dies ist auch eine Frage der Identität, die sich bei den Türken besonders intensiv stellt, haben sie sich doch durch kräftige politische und gesellschaftliche Reformprozesse und Einschnitte vom Rest der Muslime ziemlich weit entfernt. Die angestrebte neue, sprich »europäische Identität« ist noch nicht erreicht und wird auch noch einige Zeit auf sich warten lassen. Ein gesteigertes Interesse ist, gerade bei weltlich orientierten Türken, am Osmanischen Reich aufgekommen und trägt erste Früchte in der Wissenschaft wie im öffentlichen und kulturellen Leben. Reiche Leute oder der Staat restaurieren Bauten und Brunnen aus der Zeit der Sultane, die Universitäten erleben einen gewissen Zulauf bei den osmanischen Studien, wozu man immerhin die seit 1928 abgeschaffte arabische Schrift erlernen und Kenntnisse im Arabischen und Persischen erwerben muss. Das ist für heutige Türken nicht einfach, ist doch für sie der Sultan mit seinen Haremsintrigen, anders als noch für die Generation der Großväter, ferne Vergangenheit. Naturgemäß sind es vor allem die turkologischen Studien, die von den türkischen Orientwissenschaftlern besonders bevorzugt werden. Namen wie Mehmet Fuad Köprülü, Pertev Naili Boratav in der Philologie, Halil Inalcik in der Geschichtsschreibung haben auch außerhalb der Türkei einen guten Klang.

Leider können die mit westlichen Methoden geschulten Muslime, die ihre Religion, Gesellschaft und Kultur mit eben diesen Methoden erforschen wollen, in den meisten anderen Ländern der Region noch immer nicht wirklich frei tätig sein, vor allem nicht publizieren, denn der staatliche Zensor oder der »zivile« Schnüffler aus dem Dunstkreis der Fanatiker, der religiösen Komitees in Iran zum Beispiel, sind recht aktiv. Entweder man passt sich an, oder man geht in das westliche Ausland. Dort freilich ergibt sich rasch wieder der Verdacht, man stehe mit seiner Wissenschaft unter dem übermächtigen Einfluss des Westens und seiner politischen und ökonomischen Interessen. Das kann, einige Beispiele aus der jüngsten Zeit bestätigen dies leider, schwere Folgen für den Betroffenen haben. Bedenklich ist, dass unter militanten Islamisten mittlerweile Listen kursieren, auf denen die Namen von unerwünschten Orientwissenschaftlern stehen. Sogar Ignaz Goldziher, der den Muslimen als den »Brüdern« der Hebräer nichts als Gerechtigkeit widerfahren lassen wollte, steht auf einer solchen Liste.

Die Frage, warum sich der Orient so schwer tut mit der Erforschung der eigenen Grundlagen, warum er auch wissenschaftliche Erkenntnisse anderer – etwa der Erben von Ignaz Goldziher – über seine Lehren und die Geschichte häufig als Ehrverletzung und Demütigung ansieht, wenn sie Kritisches zu Tage fördern, gehört in gewisser Weise mit zum Gegenstand der orientalischen Studien. Und dies wiederum ist ein Teil der modernen Wissenschaften insgesamt: dass sie sich klar zu werden versuchen, warum man sie treibt, was ihr Ziel sei und welche Methoden gegebenenfalls Anwendung finden sollen. Deutlich ist, dass der viel berufene »clash of civilizations« auch auf dem Feld der Wissenschaft stattfindet, jedenfalls bis zu einem gewissen Grad. Sowenig Muslime erwarten können, dass westliche Orientforscher ihre kritischen wissenschaftlichen Methoden aufgeben, um Harmonie zu erzeugen, sowenig können die westlichen Forscher erwarten, dass ihre Erkenntnisse, so sie denn umstürzlerisch sind, mit schlichtem Wohlgefallen aufgenommen werden.

Islam und Demokratie – eine Ermunterung

Sind der Islam und die Demokratie westlicher Prägung miteinander vereinbar, das heißt, kann der Islam demokratische Systeme entwickeln, die diesen Namen auch wirklich verdienen? Diese Fragen stellen sich – zumal nach den jüngsten gewalttätigen Verwerfungen seit dem 11. September 2001 und dem umstrittenen amerikanisch-britischen Krieg gegen den Irak Saddam Husseins – viele im Westen (zu dem mittlerweile ja auch Japan und Südkorea gehören mögen), vor allem jedoch in Europa und Amerika. Und in der Tat: Die Frage ist nicht nur nicht unberechtigt, sondern für die Einschätzung künftiger Politik und Weltgeschichte sogar notwendig im Sinne von »die Not wendend«.

Ein Überblick über die islamische Welt, vor allem ihren traditionellen Kernraum zwischen Nordafrika und Westasien, gibt eher zu Pessimismus und Sorge Anlass. Trotz einer umfassenden Modernisierung während des 19. und 20. Jahrhunderts auf vielen Feldern, die auch im islamischen Orient und speziell im Nahen Osten Platz gegriffen hat (gefördert auch durch die enormen Einnahmen aus dem Erdöl), scheinen die politischen Regime wie versteinert, macht die gesamte Region trotz mancher Nuancen im System einen recht monolithischen Eindruck. Die traditionelle orientalische Despotie ist nirgendwo wirklich überwunden, im Gegenteil: Unter dem Einfluss islamistischer und integristischer Strömungen hat sich die orientalische Despotie in Ländern wie Iran oder Pakistan im vergangenen Vierteljahrhundert sogar verschärft. Und in anderen Staaten der Region ist das System davon nicht unberührt geblieben. Sogar im relativ liberalen Ägypten sind Rückschläge in diesem Kontext zu verzeichnen gewesen. Im öffentlichen Leben wie im politischen System des Landes selbst findet die »islamische Zensur« – in klassischer Zeit fast unbekannt – wieder häufiger als vor Jahren Anwendung. Auch die Wechsel an der Staatsspitze, wie sie vor einiger Zeit stattfanden, haben die anfänglich in sie gesetzten Hoffnungen nicht erfüllt. In Marokko ist der neue König Mohammed VI., der seinem Vater Hassan II. auf dem Thron folgte, schon bald an die Grenzen der von ihm geplanten gesellschaftlichen Öffnung gestoßen, und auch in Syrien hat der Wechsel von Hafiz al Assad auf seinen Sohn Baschar al Assad viele enttäuscht, die auf größeren Pluralismus und eine Lockerung des Regimes gehofft hatten. Es sind allenfalls kleinere Veränderungen in der öffentlichen Stimmung, die sich zum Positiven verändert haben. Sie kommen etwa auch darin zum Ausdruck, dass der vom Golfemirat Qatar aus sendende arabische Fernsehsender Al Dschazira heute aus den Ländern der Region nicht mehr wegzudenken ist. Er hat die Massen mit einem gewissen Pluralismus bekannt gemacht, doch die Regime sind politisch so undurchlässig wie eh und je. Einzig die Türkei macht da eine Ausnahme. Dort hat seit den zwanziger und dreißiger Jahren des vorigen Jahrhunderts zunächst unter Mustafa Kemal Atatürk eine Verwestlichung, seit 1950 dann auch eine Demokratisierung stattgefunden, die anderswo in der Region unbekannt ist. Zwar hat auch die türkische Demokratie noch ihre Mängel, doch sind die wichtigsten Grundlagen in den vergangenen fünfzig Jahren so sehr eingewurzelt worden, dass sie als irreversibel gelten können. Sogar die türkischen Islamisten, die einen Ministerpräsidenten stellen, haben mit der Demokratie ihren Frieden gemacht, scheint sie ihnen in ihrer entschiedenen Ausrichtung auf die Vollmitgliedschaft des Landes in der Europäischen Union doch sogar mehr religiöse Rechte zuzusichern, als sie sich das bis vor kurzem noch träumen ließen. Das Beispiel Türkei zeigt, dass es möglich ist, ein islamisches Volk in ein demokratisches System zu transformieren, mögen dies westliche Skeptiker und islamische Fundamentalisten in einer seltenen, gar nicht zueinander passenden Gemeinsamkeit und Einmütigkeit auch in Abrede stellen. Auch in Algerien haben sich nach der Todesstrecke der neunziger Jahre die Aspirationen der islamischen Integristen so totgelaufen, dass der Pluralismus zu Beginn des 21. Jahrhunderts sich gewisse Freiräume erkämpft hat; diese freilich sind immer wieder von Rückfällen in das autokratische Denken und Handeln bedroht.

Denn einfach ist diese Aufgabe nicht, und die Skepsis ist nicht ohne ernst zu nehmende Grundlage in der Wirklichkeit. Der Islam hat, was seine wichtigste historische Ausprägung als Gesetzesreligion und religiös definierte Lebensform betrifft, keine natürliche Hinneigung zur Demokratie, wie wir sie im Westen verstehen. Er muss sie sich erst schaffen. In der Türkei gelang dies unter einmaligen Umständen, die wohl nicht zu wiederholen sind. Sie hatte mit der größeren Nähe des Osmanischen Reiches zu Europa und mit der überragenden Autorität Mustafa Kemal Atatürks zu tun, der kraft seiner Persönlichkeit und ihres historischen Nimbus seinem Volk Dinge zumuten konnte, die anderswo im Islam nicht möglich waren. Und auch dies ging nicht ohne Widerstände ab. Andere sind mit vergleichsweise vorsichtigen Formen der Verwestlichung, die sie als Vorstufe zur Demokratisierung ansahen, gescheitert, obschon sie fast unumschränkte Macht hatten. In seinem Aufsatz »Das Individuum im Islam« schreibt der Orientalist und Kulturphilosoph Hans Heinrich Schaeder: »Während die abendländische Entwicklung den Rationalismus als stetig sich erneuernde und den Sieg durchsetzende Hilfskraft hat, um die Gefahr des mystisch überschwänglichen Solipsismus sowie des geistlosen Institutionalismus abzuwehren, kennt der Orient diese Macht zwar zu einzelnen Zeiten und in einzelnen Menschen, aber nicht als die stetige und unerschöpfliche Reserve des geistigen Fortschreitens«.

Das aufklärerische »sapere aude!« Immanuel Kants hat es, in einer ergänzenden Formulierung durch den Philosophen Betrand Russell, auch in allen anderen, den außereuropäischen Kulturen gegeben; doch nur in Europa (und Amerika) ist es über Generationen hinweg verstetigt und institutionalisiert worden, so dass es zur Grundlage einer veränderten Kultur wurde, auch politisch.

Amerika unternahm nach dem gewaltsamen Sturz und der Gefangennahme Saddam Husseins im Irak den Versuch, dort eine demokratische Gesellschaft und ein ebensolches politisches System zu etablieren. Unter den obwaltenden Bedingungen eines Systemwechsels von außen und einer fremden Besatzung wird dies wohl ein frommer Wunsch bleiben. Von außen kann man gewiss manches in Bewegung setzen, Bedingungen und Umstände verändern; doch demokratische Verhältnisse müssen die Iraker, wenn sie es wollen, selbst und in eigener Regie in ihrem Land schaffen. Überhaupt hat ein Gutteil der Abwesenheit von Demokratie, des Mangels an Verständnis für demokratische Lebensformen in jenen Ländern auch damit zu tun, dass es gerade die westlichen Demokratien gewesen sind, die – unter Berufung auf die Förderung der Demokratie – immer wieder zutiefst u n d e m o k r a t i s c h e Eingriffe in jene Länder vorgenommen haben; am eklatantesten zur Zeit des Kolonialismus. In Ägypten begann Bonaparte damit und scheiterte. Von den betroffenen Völkern des Islams wird dies als eklatanter Widerspruch begriffen. Nur die Schaffung und Verbreiterung pluralistischer Strukturen durch die Muslime selbst kann eines Tages zum Erfolg führen. Dazu sind freilich Geduld, Erziehung und ein langer Atem notwendig.

Der Kern und eigentliche Sinngehalt des islamischen Glaubens ist, wie wir bereits hervorgehoben haben, in der folgenden Überlieferung zusammengefasst: »Der Islam ist auf fünf Dingen aufgebaut: dem Glaubensbekenntnis an den einen Gott (Monotheismus) und die Prophetenschaft Muhammads, dem Gemeinschaftsgebet, dem Zahlen der Almosensteuer, dem Fasten im Monat Ramadan und der Wallfahrt einmal im Leben.« Diese Essenz des Islams nennt man seine »fünf Pfeiler« (arkan al-islam).

Es gibt nun kein politisches System der Welt und auch keinen liberalen Gesellschaftsentwurf, mit dem dieser innere Kern des Islams nicht vereinbar wäre. Ein demokratisches Leben behindert oder stört er in keiner Weise.

Das Problem, das der Islam mit einer selbst zu schaffenden Demokratisierung hat, beruht auf seiner nach-koranischen Ausgestaltung als umfassende theokratische Gesetzesreligion. Dieser Scharia-Islam, der das Leben der Muslime in fast allen Belangen von der Wiege bis zur Bahre regelt oder doch regeln soll, lastet heute wie Blei auf den islamischen Gesellschaften. Die Scharia wurde von den Sakraljuristen (ulema, fuqaha) des Islams in den ersten beiden Jahrhunderten nach dem Tod des Propheten in extenso entwickelt, den damaligen Bedürfnissen der Gesellschaft entsprechend. Ihre Quelle ist, neben dem Koran, vor allem das Hadih, das ist die Sammlung von Sprüchen und Paradigmen, die dem Propheten Muhammad selbst über eine Kette von Überlieferern zugeschrieben werden. Da dieses Hadith genannte Korpus, wie der Koran, unmittelbare göttliche Inspiration für sich beansprucht, gilt auch die daraus entwickelte Scharia als göttlich und unantastbar. So jedenfalls sieht es der »mainstream« muslimischer Orthopraxie und Orthodoxie. Sie kann zwar ausgelegt und angepasst werden, steht aber, da göttlich grundiert, nicht zur Disposition. In der Scharia hat Gott selbst dem Menschen vernünftige und einsichtige Gesetze und Regeln gegeben, die er zu seinem Segen beachten muss. Eine Anpassung und Interpretation ist nur nach bestimmten Methoden möglich, etwa nach dem Analogieschluss (qiyas).

Es versteht sich, dass ein solches Sakralrecht zunächst diametral der Forderung und Methode einer modernen Demokratie, dass der Mensch seine Gesetze durch Diskussion, Beratung und Abstimmung selbst mache, nachdrücklich widerspricht. Apologeten behaupten denn auch, der Islam sehe selbst die Beratung der Gläubigen untereinander vor, analog jener berühmten Koranstelle, die tatsächlich fordert, dass sich die Muslime »beraten sollen«. So haben mittlerweile auch besonders konservative Staaten wie Saudi-Arabien eine Madschlis al schura installiert, eine Beratende Versammlung, die dem Herrscher beim Regieren assistiert. Es handelt sich freilich um handverlesene Organe, die nichts wirklich entscheiden können und auch nicht aus Wahlen hervorgegangen sind. Und wo es wirkliche Parlamente gibt, krankt das politische Leben daran, dass in ihnen kein wirklicher Pluralismus repräsentiert wird. Allenfalls mehr oder weniger islamische Strömungen finden darin Platz.

So nimmt es nicht wunder, dass intellektuelle Muslime mehr und mehr eine Reform der Scharia fordern, um zunächst über einen religiösen Pluralismus, der die gesellschaftlichen Strömungen repräsentiert, zu einem politischen Pluralismus voranzuschreiten. Denker wie Abdolkarim Sorusch oder Mohammad Shabestari in Iran und andere versuchen, unter Berufung auf den Idschtihad, die freie Auslegung der Schriften, das Essentielle in Koran und Hadith vom bloß Akzidentiellen oder historisch Bedingten zu scheiden. Um es konkreter auszudrücken: Wichtiges, das für den Bestand des islamischen Glaubens konstitutiv ist und bleiben wird, von bloß Zeitgebundenem, das die Verhältnisse zur Zeit der Kalifen widerspiegelt, zu trennen. Auch etliche türkische Reformtheologen, wie Yasar Nuri Öztürk oder Mehmet Aydin, denken so. Es versteht sich, dass solche Methoden der historisierenden Hermeneutik auch das dogmatisierte Verständnis der koranischen Offenbarung antasten, und zwar in einer Weise, die vielen konservativen ulema und Mullahs nicht recht sein kann. Ziel ist nämlich eine behutsame Teilsäkularisierung des Glaubens. Ihr Dogmatismus sichert den ulema und Mullahs aber die Macht über die Massen, zumal wenn sich Dogma und politische Macht miteinander verschwistern, sei es in einem »theokratischen« System, wie in Iran, oder in einer stärker weltlichen Despotie, in der die Berufung auf unantastbar theozentrisch untermauerte Kodizes der Religion das Stillhalten der Bevölkerung auch gegenüber dem weltlichen Machtapparat fördern, bisweilen erzwingen.

Die fortschrittlichen Denker, wie Sorusch, leben in ihren Gesellschaften ziemlich gefährlich. Einige, wie der Ägypter Farag Foda, wurden sogar ermordet. Andere, wie den Ägypter Nasr Hamid Abu Zaid, trieb man durch perfide Nachstellungen ins Exil. Ihre hermeneutischen Bemühungen, die sich zum Teil sogar auf tausend Jahre alte Vorbilder, wie den Theologen und Philosophen Abu Hamid Muhammad al Ghazali (gest. 1111), stützen können oder auch das Erbe der »islamischen« Philosophie und Mystik heranziehen, werden jedoch auf Dauer ihre Wirkung entfalten. Sie können sogar den

Propheten selbst zur Unterstützung heranziehen. Dieser war zwar »prophet and statesman«, wie ein bekanntes Diktum betont, doch handelte er als politischer wie religiöser Kopf seiner Gemeinde in Medina, gewissermaßen der Keimzelle des islamischen Gemeinwesens, durchaus pragmatisch und flexibel, im Kontext sich verändernder Verhältnisse. Dieser Pragmatismus könnte, eingefügt in religiöse Kontexte, als Vorbild dienen. Und eines muss klar gesagt werden: Islamische Demokratien sollten nicht immer nur als perfekte Ab- und Spiegelbilder westlicher Demokratien verstanden werden, die ihre Herkunft im Übrigen im antiken Griechenland haben, einem Land, das zu jener Zeit stärker vom Orient beeinflusst war, als viele glauben. Vor allem in dem Maß, in dem die herrschenden Regime sich ihrem politischen, geistigen und wirtschaftlichen Bankrott nähern, werden Reformen als immer dringender und drängender empfunden werden.

Dies zeichnet sich in etlichen, in den vergangenen Jahren von Bürgerkrieg oder Unruhen geprägten Ländern der Region schon ab. Man denke nur an Algerien. Dessen zu einem großen Teil verarmte Massen und arbeitslose Jugendliche, die einst auf den Islamismus und Integrismus als Allheilmittel setzten, sind durch dessen Gewaltorgien und politisches Versagen inzwischen ernüchtert. Dasselbe gilt für Iran, wo die im Geiste der islamischen Revolution Ajatollah Chomeinis erzogene Jugend immer eindringlicher nach einem Aufbrechen des Systems ruft und ihre Unzufriedenheit bekundet. Man kann die Menschen lange, aber nicht ewig unterdrücken.

Freilich werden die Verfechter einer dogmatischen Orthopraxie das Feld nicht kampflos räumen. Noch sind die Reformer überall im Hintertreffen, müssen teilweise ums nackte Überleben kämpfen. Der Zeithorizont für massive Veränderungen ist schwer einzuschätzen, muss jedoch mindestens nach Generationen berechnet werden.

Unter den Philosophen der islamischen Glanzzeit ist mancher Schatz zu heben, nicht nur in der Erkenntnistheorie, Ontologie und Metaphysik, sondern auch in der Ethik und in den Lehren von der Politik. Dieses Denken reicht von einem Al Kindi über Al Farabi und viele andere bis zu dem Ethiker Ibn Miskawaih, die alle vor mehr als tausend Jahren gelebt haben. Die Muslime selbst müssen es aktualisieren, um ihre Gesellschaften zu verwandeln. Davon wird auch in hohem Maße abhängig sein, ob sich die Akzeptanz der Muslime in Mittel- und Westeuropa vergrößert oder nicht. Dieses nicht unproblematische Verhältnis gehört zu den großen künftigen

Themen der europäischen Gesellschaften, die sich rasend schnell zu verwandeln scheinen. Es ist kein Naturgesetz, dass aus der einstmals lebhaft diskutierten Scharia ein zementierter, undurchlässiger Block von Vorschriften wurde, der keine Widerständigkeit mehr zulässt. Denn man kann zeigen, dass diese Blockierung einer schöpferischen Weiterentwicklung und Auslegung des Hadith, wie sie heute im Islam notwendig wäre, mit der Stabilisierung der politischen Macht unter dem Kalifat der Abbasiden auf das Engste zusammenhing. Auch Hans Heinrich Schaeder hebt dies hervor und verweist auf den Durchbruch, den das sassanidisch-persische Hofzeremoniell, ja der altiranische autokratische Herrscherkult generell unter den Abbasiden (750 bis 1258 n. Chr.) erlebte. Dies gilt vor allem für die Zeit, in der sich die theologischen Doktrinen der rationalistischen Mutaziliten, die um Freiheit und Gerechtigkeit kreisen, im Niedergang befanden, weil sie den bedrohten Abbasiden nicht mehr zu greifen schienen. Vielleicht bedarf es insgesamt des heute wie nie zuvor von Fernsehsendern wie Al Dschazira gepflegten Prinzips des Dialogs (dschadal), um auch andere Bereiche der islamischen Gesellschaften zu öffnen, zumal die Politik. Da muss ein steter Tropfen den harten Stein höhlen.

Manches wird auch davon abhängen, wie der demokratische Westen in Zukunft den Ländern des Islams gegenübertritt, ob als Förderer oder – wie bisher – meistens als Vormund. Es ist lehrreich, sich gerade als »Westler« einmal in die Optik des anderen zu versetzen, nachzufühlen, wie er die Dinge sieht und wie er das Verhalten des Gegenübers wahrnimmt, oft wahrnehmen muss: Was hält etwa ein Palästinenser von der Demokratie, vom Werben um sie, wenn er von der israelischen Demokratie jahrelang nur Demütigungen und Übervorteilungen erfährt? Selbst als der Oslo-Friedensprozess im Nahen Osten seit dem Herbst 1993 implementiert zu werden begann, stoppte Israel zum Beispiel den als illegal geltenden Bau seiner Siedlungen im Westjordanland keineswegs, sondern intensivierte ihn zwischenzeitlich sogar. Wie wirkt das auf Leute, denen man ständig empfiehlt, demokratisch zu werden wie der »Westen«, der all diese Aktivitäten im Zweifel immer deckt, jedenfalls nicht genug unternimmt, um dem Unrecht zu widerstehen? Zumal, da er es könnte.

Es wird auch oft übersehen, für wie wichtig im Nahen Osten der Begriff der »Gerechtigkeit« genommen wird. Er ist die zentrale Lehre des Islams überhaupt, sei diese Gerechtigkeit ethisch-moralisch, wirtschaftlich oder politisch definiert. Gerechtigkeit interessiert den Muslim bis heute weitaus mehr als Freiheit. Unter Freiheit verstand er traditionsgemäß das Freiwerden des Menschen von den Lüsten der Triebseele (nafs). Dies war ein Begriff vornehmlich der Mystik, der aus der Innenwelt des Glaubens stammte, ganz andere Assoziationen weckte und in einen ganz anderen Zusammenhang eingebettet war als der westliche Begriff von Freiheit. Natürlich hat die Begegnung der Muslime mit der Moderne auch andere Vorstellungen von Freiheit unter ihnen bekannt gemacht, doch blieben sie grosso modo ein Phänomen, das auf Intellektuelle beschränkt war. Die Frage nach dem gerechten Herrscher überwog bei den Massen bis in die jüngste Zeit hinein, man jubelte einem Ajatollah Chomeini zu, weil man sich von ihm in erster Linie Gerechtigkeit versprach; Freiheit versprach man sich höchstens im Sinne von »nationaler Unabhängigkeit«.

In Iran (wie auch anderswo) hat sich das mittlerweile geändert, findet doch der westliche Freiheits-Begriff mehr und mehr Anhänger. Die oft negativen Erfahrungen mit westlichen Mächten allerdings, insbesondere mit den Amerikanern, geben den Blockierern einer Weiterentwicklung immer wieder Gelegenheit oder Anlass, liefern ihnen immer wieder die Vorwände, um demokratische Regungen zurückzuwerfen. Und im Endeffekt ist dem Westen um seiner strategischen, wirtschaftlichen und politischen Ziele willen Stabilität in der Region lieber als die Unberechenbarkeiten, die mit der Freiheit zwangsläufig kommen mögen. Es ist ein Kreislauf, der auf beiden Seiten, der muslimischen wie der westlichen, Ungereimtheiten, ja Verlogenheiten enthält. Diese erhalten ihn am Leben und verhindern, dass er einmal aufgebrochen wird.

Ohne diese historischen Argumente überstrapazieren zu wollen – aber es ist schon etwas anderes, ob ich in meiner Kultur die Segnungen selbst errungener Freiheit genießen kann, oder ob sie mir von Fremden empfohlen werden, unter gleichzeitiger Verabreichung von politischer Fremdbestimmung, militärischer Gewalt und der Beraubung elementarer Rechte, wie dies etwa in Palästina geschieht. Gleichwohl kann sich der Islam nicht immer nur auf diese Vorgänge herausreden, sondern muss initiativ werden. Gott ändert die Verhältnisse des Menschen nur, wenn dieser sie selbst ändert. Das ist eine koranische Weisheit.